NAD

Edição de estudos 4

Nosso Andar Diário

Publicações RBC

ESCRITORES:
Poh Fang Chia, Winn Collier, Tom Felten, Regina Franklin, Kevin Gregory, Tim Gustafson, Alyson Kieda, Dean Ohlman, Jeff Olson, Roxanne Robbins, Jennifer Benson Schuldt, K. T. Sim, Sheridan Voysey, Marvin Williams, Mike Wittmer

TRADUTORES:
Elisa T. Castro, Eduardo Cordeiro, Dayse M. V. Fontoura, Elizabeth Hecke, Haroldo Janzen

EDITORES:
Tom Felten, Clair Hess, Cindy Kasper, Alyson Kieda, Rita Rosário

REVISORES EDITORIAIS:
Bill Crowder, Kevin Gregory, K. T. Sim

PROJETO GRÁFICO:
Audrey Novac Ribeiro

DIAGRAMAÇÃO:
Priscila Santos

FOTO DA CAPA:
Pedalando no deserto, Alex Soh © Ministérios RBC

CRÉDITOS:
Exceto se indicado o contrário, as citações bíblicas são extraídas daNova Tradução na Linguagem de Hoje © 2000 Sociedade Bíblica do Brasil.

Publicações RBC
Rua Nicarágua, 2128, Bacacheri, 82515-260, Curitiba/PR, Brasil
E-mail: vendas_brasil@rbc.org
Internet: www.publicacoesrbc.com.br • www.ministeriosrbc.org
Telefone: (41) 3257-4028

Código: J1915
ISBN: 978-1-60485-955-3

Impresso no Brasil • Printed in Brazil

1º edição: 2014 • 1º impressão: 2014

O Senhor Jesus foi e é um exemplo de relacionamento com Deus e com o próximo. Em Sua humanidade Ele relacionava-se com pessoas e com as multidões, lhes trazendo sempre ensinamentos profundos e transformadores acerca da vontade do Pai. Porém, foi nos contextos de pequenos grupos, como dos discípulos, que estes relacionamentos estreitavam-se como expressão de amizade com o Mestre.

O Senhor lhes direcionava para o caminho da salvação e também caminhava com eles, servindo-lhes como modelo de fé prática. Um dos aspectos peculiares dessa convivência era o ensino, o relacionamento, o partilhar o pão e também o sanar das dúvidas. Quantos não foram os momentos em que os discípulos chegaram a Jesus pedindo-lhe esclarecimentos sobre alguma dúvida.

Na contemporaneidade, muitos conceituam as reuniões de grupos pequenos e grupos de estudos como ferramentas de evangelismo e crescimento mútuo. Logo, conteúdos bíblicos consistentes fazem-se necessários para embasar as reflexões que visam estabelecer essa prática.

Com o propósito de fortalecer a caminhada cristã, apresentamos o devocional NAD — *Nosso Andar Diário*, edição estudos, como ferramenta para desenvolver o crescimento espiritual e aprofundar relacionamentos por meio do compartilhamento da Palavra.

—Os editores do *Nosso Andar Diário*

Dicas de como aproveitar melhor este conteúdo em grupos pequenos ou grupos de estudos.

Este devocional vai acompanhá-lo numa jornada diária de três meses, utilizando-se de duas grandes ferramentas: a oração e a Bíblia Sagrada. Contém três seções que podem ser trabalhados da seguinte maneira:

LEIA: Comece pela leitura bíblica indicada, ela embasa a meditação do dia.

EXAMINE: Utilize esta sessão para sua reflexão pessoal e em grupo.

CONSIDERE: Utilize as perguntas para provocar debates entre o grupo.

Esta proposta é simples e pode ser adaptada ao roteiro que é seguido nas reuniões de grupos pequenos ou grupos de estudos.

Como são meditações diárias, o devocional para discussão em grupo deve ser o referente a data do encontro, assim todos os integrantes estarão sintonizados no mesmo assunto. No entanto, sugerimos que o grupo separe um momento para os participantes compartilharem sobre outra meditação que tocou ao seu coração durante a semana relatando uma aplicação pessoal.

Ao término dos estudos deste fascículo com o seu grupo, por favor, envie-nos o seu depoimento e sugestões via *email* brasil@rbc.org, para podermos melhorar a estrutura dessa ferramenta.

não é justo!

Vá em frente. Diga bem alto: "Isso não é justo!". Seja como irmão, cônjuge, empregado, ou fã de esportes, todos já dissemos essas palavras. Em algum momento já nos comparamos com outra pessoa ou a sua situação, e concluímos que fomos injustiçados.

O clamor por causa da injustiça aparece na parábola que Jesus contou no livro de Mateus 20. É a história de um fazendeiro que pagou o mesmo salário a seus trabalhadores, mesmo que alguns tivessem trabalhado o dia inteiro e outros somente a última hora (vv.1-10). Aqueles que dedicaram o dia completo se sentiram enganados, e protestaram (vv.11,12). Eles frisaram que tinham trabalhado mais tempo e mais arduamente. Tinham suportado o peso do trabalho. E trabalharam durante o calor do dia, enquanto os que só atuaram por uma hora, mal e mal suaram. E mesmo assim o fazendeiro pagou o mesmo a todos.

Tenho que admitir que uma parte de mim luta com esta história. Identifico-me com os que trabalharam o dia todo. As horas e o montante de trabalho foram desiguais. E mesmo assim o pagamento foi igual. Isso obviamente não é justo! Ao mesmo tempo, o fazendeiro pagou a eles exatamente o valor pelo qual eles tinham concordado em trabalhar, o que era totalmente justo (vv.13,14).

Como em todas as parábolas de Jesus, há um significado mais profundo. É verdade que os trabalhadores que atuaram por apenas uma hora não mereciam o mesmo salário que aqueles que trabalharam o dia inteiro. Mas uma das maiores razões porque foram igualmente recompensados era para ilustrar que Deus é generoso para com aqueles que não merecem generosidade, o que nos inclui.

Ainda bem que no reino de Jesus "...os primeiros serão os últimos, e os últimos serão os primeiros" (Mateus 20:16). —Jeff Olson

leia›

Mateus 20:1-16

—Assim, aqueles que são os primeiros serão os últimos, e os últimos serão os primeiros (v.16).

examine›

Note a semelhança de temas sobre generosidade na parábola do filho pródigo (Lucas 15:28-32).

considere›

Como você estenderá aos outros a generosidade imerecida que recebeu de Deus? Você experimentou esta generosidade por meio de sua família e amigos?

aplicação pessoal›

livre

Há tipos diferentes de "de graça". Algumas coisas são de graça porque são baratas, como os brinquedos de plástico do combo do lanche infantil. Outras, porque são parte da promoção "pague um, leve dois". E ainda outras porque são "sem preço" — você literalmente não consegue por um preço nelas sem barateá-las.

Imagine se ao pedir uma mulher em casamento, ela lhe responder: "Tudo bem, mas vou precisar de R$ 20 mil de adiantamento e pagamentos mensais de R$ 1.500". Ou o seu filho adolescente dizendo: "Mãe, pai, agora sou adulto e quero lhes pagar. Quanto devo por terem me criado?". Ou como se sentiria se, depois de cantar uma música romântica para alguém que ama, ele lhe desse um abraço e dissesse: "Isso foi muito importante para mim. Qual é o preço justo por seu esforço?"

Você não se sentiria mal em cada caso? Até a sugestão de que seu amor pode ser comprado, desvalorizaria você e o próprio amor. Seu amor é o melhor tipo de exemplo da graça.

Grande parte do sofrimento em nosso mundo vem da confusão entre o "barato quase de graça" e o "de graça" porque não tem preço. Filhos mimados acham que sua riqueza veio facilmente e zombam de seus pais que fazem hora extra para conquistá-la. Cônjuges menosprezam seus parceiros. Acostumam-se de tal forma com a dedicação deles que não têm certeza se ainda a querem.

E Jesus? Com relação a 1 Pedro 1:21,22, João Calvino escreveu que nossa salvação vem "em tão alto preço que não pode ser compensada [...] e portanto não poderíamos obtê-la se não fosse de graça. Agora, dizemos que ela foi de graça para nós, mas não para Cristo, a quem ela custou muito."

Nossa salvação é de graça, mas não barata (vv.22,23). É de graça, porque não é barata. Custou muito a Jesus para ser considerada como qualquer coisa. —Mike Wittmer

leia>

1 Pedro 1:13-25

...vocês sabem o preço que foi pago para livrá-los da vida inútil [...] não foi uma coisa que perde o seu valor como o ouro ou a prata. Vocês foram libertados pelo precioso sangue de Cristo... (vv.18,19).

examine>

Veja no livro de Efésios 1:3-14 todos os valiosos presentes que são seus gratuitamente.

considere>

Que presentes preciosos você tem menosprezado? Como você pode aprender a apreciá-los como eles merecem?

aplicação pessoal>

todos em família

Em seu perspicaz artigo, *Aba muda tudo: Por que todo cristão é chamado para resgatar os órfãos*, o autor e pai adotivo Russel D. Moore escreve: "Inicialmente fiquei relutante em adotar, porque achei que um filho adotado seria sempre mais distante do que um 'filho natural'. Estava errado e deveria saber. Afinal, não há 'filho adotivo' para Deus, como uma categoria permanente. A adoção nos fala como viemos a ser parte da família de Deus. E uma vez que estamos nela, não há distinções entre os que participam da mesa."

A compreensão de Moore sobre o modelo de adoção divina amadureceu à medida que ele estudava as Escrituras e atravessava com sua esposa a estrada da adoção internacional.

Pelo fato de vivermos dias em que há 163 milhões de órfãos no mundo, é importante que aperfeiçoemos nosso conhecimento do que a Palavra diz sobre os órfãos e nossa responsabilidade em assisti-los. Afinal, Tiago não exclui ninguém quando exorta os cristãos a cuidar dos órfãos e das viúvas. "Para Deus, o Pai, a religião pura e verdadeira é esta: ajudar os órfãos e as viúvas nas suas aflições e não se manchar com as coisas más deste mundo" (Tiago 1:27).

Como *filhos adotivos de Deus*, também é bom que nos apropriemos das riquezas que Deus espera nos conceder ansiosamente. "...o Espírito torna vocês filhos de Deus; e pelo poder do Espírito dizemos com fervor a Deus: 'Pai, meu Pai!' O Espírito de Deus se une com o nosso espírito para afirmar que somos filhos de Deus. [...] e também receberemos com Cristo aquilo que Deus tem guardado para ele..." (Romanos 8:15-17).

Peça a Deus que lhe mostre o papel que deve desempenhar no cuidado com os órfãos do mundo. Ore também para que Ele o ajude a compreender o que significa genuinamente ser Seu filho adotivo para que você possa chamá-lo "Aba, Pai" com mais confiança. —Roxanne Robbins

leia›

Gálatas 4:1-7

Assim vocês não são mais escravos; vocês são filhos. E, já que são filhos, Deus lhes dará tudo o que ele tem…(v.7).

examine›

Como você pode pôr em prática o Salmo 82:3 — uma exortação para "fazer justiça ao fraco e ao órfão"?

considere›

Como cristão, de que modo o fato de saber que você foi adotado por Deus influencia seu ponto de vista sobre Ele e sobre você mesmo?

aplicação pessoal›

um coração reto

Como cresci em um lar de músicos, comecei a escrever músicas muito cedo. Algumas levaram meses — até anos — para serem compostas. Outras se formaram em minutos, com a letra saltando da página. Um dia, depois de contemplar o que Deus realmente quer de nós na adoração, tive a experiência de ter um desses momentos "música instantânea" (só precisava acrescentar a melodia) à medida que essa letra fluía da minha caneta: *É no coração, não na voz. É por amor, e não por escolha.*

Esse trecho da música capta o que o rei de Judá, Ezequias, vivia no livro de 2 Crônicas 30. O rei anterior, Acaz, cometia grandes transgressões (28:22), mas Ezequias reabriu o templo, assim como o povo que reabria seus corações a Deus (29:3).

Depois de estabelecer o "ministério" (v.35), o bom rei preparou seu povo para comemorar a Páscoa. Na verdade, ele convidou o povo de Israel (ao norte) para se unir a eles nas festividades (30:1). Mas surgiu uma questão que ameaçava esse festival sagrado de adoração a Deus: se Ezequias e todo o povo deviam celebrar a Páscoa nas datas estabelecidas, os sacerdotes não estariam preparados a tempo e nem todas as pessoas conseguiriam chegar a Jerusalém (v.3).

O que fazer, então? O monarca adiou a Páscoa em um mês. Mesmo com essa alteração inédita, algumas pessoas chegaram tarde e não estavam adequadamente purificadas para a cerimônia (v.18). De qualquer forma, foi-lhes permitido participar ao se perceber que tinham vindo com corações que indicavam seu desejo de adorar o Senhor (v.19).

Ezequias revelou um aspecto importante da adoração a Deus: é mais importante ter um coração e atitude corretos do que simplesmente seguir os movimentos em uma determinada direção ou tempo. Adoremos a Deus com corações realmente dedicados hoje. —Tom Felten

leia›

2 Crônicas 30:1-21

...Ó Deus bondoso, perdoa todos os que com todo o coração te adoram a ti, o SENHOR, o Deus dos nossos antepassados. Perdoa-os [...] ainda que eles não se tenham purificado de acordo com a lei do Templo (vv.18,19).

examine›

Leia o livro de 1 Coríntios 11:27-32 e pondere sobre o que Paulo nos ensina a respeito de examinarmos os nossos corações antes de adorar a Deus.

considere›

Você se esforçará para mostrar a Deus um coração de adorador hoje? Por que nossa atitude na adoração é mais importante do que a nossa ação?

aplicação pessoal›

na arena

O presidente Theodore Roosevelt era um executivo. Ele era a força que movia por trás da conclusão do ambicioso projeto do Canal do Panamá; ganhou o prêmio Nobel da Paz, serviu como Secretário-assistente da Marinha americana. Também foi o 2º presidente dos Estados Unidos (iniciando o movimento conservador em seu país).

Como todos os que realizam feitos grandiosos, Roosevelt tinha seus críticos. Dizia sobre eles: "Não é a crítica que importa; nem o homem que mostra como o homem forte fracassa ou onde o realizador de obras deveria ter feito melhor. O crédito pertence ao homem que está realmente na arena, cuja face está desfigurada pela poeira, suor e sangue." Acrescentou: "Não há esforços sem erros ou defeitos."

No ano de 539 a.C. o rei persa Ciro conquistou a Babilônia e deixou que os exilados judeus retornassem à sua terra. Também lhes deu instruções para reconstruir o templo em Jerusalém. Mas quando o trabalho começou, os judeus encontraram uma oposição sarcástica. "Então a gente daquela região fez tudo para desanimar os israelitas e para pôr medo neles a fim de parar a construção", diz o antigo registro (Esdras 4:4). A construção foi parada (4:24) e o templo só foi completado 23 anos mais tarde em 516 a.C.

As pessoas críticas são movidas por uma variedade de motivações — orgulho, insegurança, inveja, medo, ódio. Mas o que elas conseguem realizar?

Pode ser sábio questionar um plano e considerar pontos de vista divergentes. Mas o criticismo não é um dom espiritual; é um defeito de caráter. Se você tem a tendência de criticar, peça ao Espírito Santo para acalmar seu coração. Se você é alvo de críticas, não se preocupe com os que o criticam. Seja aquele que está na arena, e não parte da importuna multidão. —Tim Gustafson

leia›

Esdras 4:1-5

Os líderes israelitas progrediram na construção do Templo, animados pelas mensagens do profeta Ageu e do profeta Zacarias... (6:14).

examine›

Confira no livro de Esdras 6 como foi reiniciada a reconstrução do templo. Como Neemias respondeu às críticas e aos ataques? Veja a resposta no livro de Neemias 4:1-6.

considere›

Você tende a ser crítico ou incentivador? De que maneira você reage quando é criticado? Como Deus pode ajudá-lo com essa maledicência?

aplicação pessoal›

Íntegro e reto

A palavra inculpável se tornou tão distorcida que raramente a usamos, pelo menos nos negócios, esporte ou política. Ouvem-se palavras como astuto e habilidoso, mas não íntegro e reto. Quando estas palavras surgiram recentemente numa conversa casual, despertou meu interesse. Duas perguntas vieram à minha mente: O que isso quer dizer? Íntegro e reto segundo quais padrões?

Jó é um homem que Deus disse ser inculpável (Jó 1:1). Isso quer dizer que ele não tinha pecado? Isso significa que as pessoas não encontravam falhas nele?

Um professor de estudo bíblico o descreve desta forma: "Exteriormente, [Jó] era perfeito e justo, uma descrição que indica inculpabilidade moral ao invés de perfeição impecável." Ele pode não ter feito tudo corretamente, mas quando se tratava de tentar fazer o correto e ser bem visto aos olhos de Deus, era inculpável.

Esse ponto de vista positivo de seu caráter era baseado em seu relacionamento com Deus, pois "...temia a Deus e procurava não fazer nada que fosse errado" (v.1). Isso era o fundamento em que sua moralidade forte e consistente foi desenvolvida.

Mesmo na adversidade, Jó ficava firme em sua posição. Em um único dia enfrentou uma onda de tragédias — uma notícia ruim após a outra. Primeiro, perdeu toda sua fortuna. Depois, todos os filhos. A extensão da perda? Total! Mesmo assim continuou a temer ao Senhor e evitar o mal. Recusou-se a pecar e não "...pôs a culpa em Deus" (v.22).

Jó respondeu à adversidade com adoração e ao infortúnio com louvor. Ao contrário de como muitos de nós reagiríamos, ele não cedeu à mágoa. Recusou-se a culpar Deus por fazer algo errado. Como resultado, Jó entrou para a história com um dos mais inculpáveis homens de Deus que já viveram, e mostra que é possível viver de modo inculpável.

—Poh Fang Chia

leia>

Jó 1

...Ele era bom e honesto, temia a Deus e procurava não fazer nada que fosse errado (v.1).

examine>

Veja no livro de Deuteronômio 18:13 o que Deus manda que busquemos.

considere>

De que forma os outros veem o seu caráter? O que é preciso para que você viva sem culpa em casa, no trabalho, na igreja e na sua comunidade?

aplicação pessoal>

nunca esquecidos

Certa vez, um táxi deixou no Península Hotel, em Nova Iorque, o violoncelista Yo-Yo Ma, renomado mundialmente. Mas assim que o carro partiu, Yo-Yo percebeu que havia deixado seu violoncelo no assento traseiro. Ele valia 2,5 milhões de dólares! Os funcionários do hotel entraram em ação. Como disse um repórter: "Colocaram em prática sua melhor performance, ligando para oficiais por toda a cidade a fim de localizar o instrumento." Depois da devolução do instrumento sem avarias, acho que Yo-Yo decidiu nunca mais esquecê-lo.

O salmista fez uma oração de lamento, perguntando se Deus o havia esquecido. "...até quando...?", questionou (13:1). Vemos, em suas palavras, a dor de um longo tempo de decepção acompanhado por dúvidas de que talvez — desta vez — Deus não agiria. Sua vida está em desordem e o Senhor, parecia-lhe, estava meramente oculto (v.1). Ele pensa, *talvez dessa vez Deus se esqueceu de mim total e completamente.*

Uma questão simples, pungente ressoa para muitos de nós: "Até quando devo relutar?" (v.2). Até quando nossas finanças estarão em batalha constante? Até quando nossos filhos farão más escolhas? Até quando nossa família vai estar à beira da separação? Até quando estarei sozinho? Até quando lutarei contra esse vício? Até quando estarei com medo, ou doente ou desesperado? Até quando?

Estamos total e completamente esquecidos? Essa é uma pergunta assustadora, e estamos certos em lutar contra ela. Mas o olhar do salmista se volta para Deus, numa postura de esperança e dependência (v.3). E enquanto se lembrava do Senhor (e de Seu caráter, e ações passadas) seu coração se renovou. "Eu confio no teu amor...", disse (v.5)

Deus não se esqueceu de nós. Seu amor não lhe permite. —Winn Collier

leia›

Salmo 13

...Ó SENHOR Deus, até quando esquecerás de mim? Será para sempre?... (v.1).

examine›

Veja no livro de Habacuque 1 qual é a fonte da queixa do profeta "Até quando...?" Qual é a resposta do Senhor? Por que você acha que o profeta levou sua preocupação a Deus?

considere›

Em que momento da sua vida você teme que Deus tenha se esquecido de você? O que o caráter e o amor de Deus expressam a respeito desse medo?

aplicação pessoal›

horas noturnas

Quando nosso primeiro filho nasceu, meu marido se propôs a ajudar no cuidado do bebê. Mesmo com estilos diferentes como pais, cumprimos as responsabilidades juntos, com uma exceção. Mesmo que a natureza não permitiu que ele alimentasse o bebê fisicamente, ele decidiu que iria, pelo menos, ajudar nas amamentações noturnas levantando-se para fazer companhia a mim e ao bebê. Embora seus esforços tenham sido corajosos, uma semana mais tarde ele voltou a cochilar durante a maior parte do tempo. Fazendo um retrospecto, aprendi que nem tudo pode ser feito junto; temos que ir a alguns lugares sozinhos.

Neemias enfrentava uma tarefa formidável quando retornou do exílio para restaurar a muralha em torno da cidade santa. Seus inimigos estavam esperando para atrapalhar sua missão. Ele então escolheu analisar a cidade à noite, com poucas pessoas confiáveis ao seu lado. Não podia arriscar uma interrupção; nem poderia arriscar ter as pessoas erradas envolvidas no planejamento da reconstrução do muro.

Quanto mais nos relacionamos, mais buscamos envolver outras pessoas naquilo que empreendemos na vida. Por mais que sejamos chamados a levar as cargas uns dos outros (Gálatas 6:2) — e a Bíblia fale da necessidade de encorajamento no corpo de Cristo (Hebreus 10:24,25) — há alguns lugares onde temos que ir sozinhos a fim de reconhecermos que só Deus é nossa fortaleza.

Considere o que o Salmo 134:1 diz: "Venham e louvem a Deus, o SENHOR [...] todos os que de noite servem no seu Templo!". Separado dos demais, um vigia noturno trabalha enquanto todo mundo descansa. Este versículo, porém, nos ensina que o turno da noite é uma bênção, não um sacrifício, à medida que aprendemos a confiar em Deus para nos afirmar e para carregar nossos fardos. —Regina Franklin

leia>

Neemias 2:11-18

...não contei a ninguém o que pensava fazer pela cidade de acordo com o que Deus havia posto no meu coração. Eu me levantei no meio da noite e saí, junto com alguns dos meus companheiros... (v.12).

examine>

Leia os livros de Lucas 22:41-44 e João 16:31,32 para ver como Jesus passou por um tempo de serviço solitário. Ele entende nossa solidão e deu-nos a promessa de Sua paz.

considere>

Por quais lugares você teve que andar sozinho? Por que o inimigo adora nos tentar por meio de amargura quando estamos (ou nos sentimos) sozinhos?

aplicação pessoal>

morrendo por paz

Eu não o encontrava havia anos. Ele chamou meu nome e andou em minha direção num mercadinho. Depois de uma conversa curta, perguntei como ele estava passando. Disse: "Eu estava morrendo ano passado", e continuou explicando como o estresse quase o matou. Seu corpo e coração entraram em colapso por causa do excesso de trabalho e de sua mente ansiosa. Mas então alguém o convidou para um estudo bíblico. Esse homem encontrou paz em Jesus em tempo, e atualmente está saudável.

Pouco antes de nos despedirmos, como pessoas circulavam ao nosso redor, compartilhei estas palavras inspiradas do livro de Filipenses com meu amigo: "Não se preocupem com nada, mas em todas as orações peçam a Deus o que vocês precisam [...]. E a paz de Deus, que ninguém consegue entender, guardará o coração e a mente de vocês..." (4:6,7)

Essas palavras de Paulo já trouxeram paz ao meu coração muitas vezes. Nelas, encontramos duas razões importantes para não cedermos ao efeito debilitante da preocupação e da ansiedade:

• *Podemos orar a Deus, que nos ama e cuida de nós* (v.6). Quando tiramos o foco de nós mesmos, nosso trabalho, nossas lutas, nossa dor e nos aproximamos dele em oração, Ele traz alegria aos nossos corações e nos renova em Sua presença.

• *Descobrimos que confiar em Deus traz paz verdadeira* (v.7). Sua paz "guardará nosso coração e mente", mas só se deixarmos para traz o fundamento instável que tentamos construir e descansarmos somente no poder e provisão de Jesus.

Depois que eu compartilhei aqueles versículos com meu amigo, ele me agradeceu e foi embora com um sorriso no rosto. Deixe suas preocupações com Jesus. "...E o Deus que nos dá a paz estará com vocês" (v.9). —Tom Felten

leia›

Filipenses 4:4-9

Não se preocupem com nada, mas em todas as orações peçam a Deus o que vocês precisam [...]. E a paz de Deus, que ninguém consegue entender, guardará o coração e a mente de vocês... (vv.6,7).

examine›

Enquanto lê o livro de Isaías 26:3, perceba o que o profeta diz ser necessário para nos mantermos na perfeita paz de Deus.

considere›

O que o fez sentir-se ansioso ou preocupado recentemente? Como você aplicará as palavra de Paulo no livro de Filipenses 4 enquanto busca paz em Jesus?

aplicação pessoal›

meus três filhos

Tudo bem, admito que o título desse devocional é um equívoco. Eu não tenho filhos. Sou um pai orgulhoso de três meninas adoráveis! E pela graça de Deus, luto para ser o tipo de pai que Deus quer que eu seja.

Então, já que educo somente filhas, disseram-me que meu conhecimento paternal é restrito à criação de meninas. A insinuação é que eu poderia ser menos "bem-sucedido" se tivesse filhos para educar. Fico imaginando qual seria a diferença se eu tivesse filhos meninos. Imagino que conselho masculino daria aos meus três filhos.

Davi tinha mais filhos homens que mulheres (1 Crônicas 3:1-9). Muito doente e sabendo que sua morte era iminente, deu o último conselho a seu filho Salomão: "...seja corajoso e seja homem!" (1 Reis 2:2). Como é típico de todos os pais, Davi queria que seu filho fosse corajoso e bem-sucedido (v.3).

A vida pode ser dura e traumática, difícil e cheia de pesar; pode induzir ao medo e ao pavor, ser desestimulante, decepcionante e devastadora. Para que Salomão fosse corajoso e vitorioso nos embates e tragédias da vida, ele teria que ser forte em Deus (1 Crônicas 22:13; 28:20; 1 Coríntios 16:13; Efésios 6:10). Para ser próspero, tinha que guardar as "leis e mandamentos" do Senhor e assim andar nos Seus caminhos (1 Reis 2:3). As palavras de Davi pretendiam ensinar seu filho como ser um homem de Deus. Isso porque uma pessoa de sucesso é uma pessoa próxima do Senhor, que conhece e obedece a Palavra de Deus (Deuteronômio 5:32; 10:12; Josué 1:7,8; 1 Crônicas 22:11-13).

O fato de criar filhos homens ou mulheres não deveria importar, pois preciso dar a todos os meus filhos a mesma receita eterna para o sucesso: "Seja forte no Senhor. Seja uma pessoa de Deus. Conheça e obedeça a Palavra do Senhor." Esse é o verdadeiro sucesso! —K. T. Sim

leia>

1 Reis 2:1-4

...seja corajoso e seja homem! E faça aquilo que o Senhor, seu Deus, manda. Obedeça a todas as suas leis e mandamentos [...]. Assim você será bem sucedido aonde quer que for e em tudo o que fizer (vv.2,3).

examine>

Como o mundo define uma vida bem-sucedida e próspera? E como a Bíblia define essa maneira de viver? (Deuteronômio 5:28-33; 10:12,13; Josué 1:7-9; 1 Crônicas 22:11-13).

considere>

O que você escolheria como os últimos conselhos para seus filhos? Por que é importante que sejamos exemplo do que ensinamos?

aplicação pessoal>

a imagem completa

Na igreja onde cresci havia uma pintura de Jesus pendurada na parede da sala de escola dominical. Retratava-o com cabelos compridos soltos e com uma ovelha sobre Seus ombros. Essa obra de arte retratava precisamente somente um lado de Jesus.

Veja, Jesus é realmente gentil e compassivo. Por exemplo, quando olhava para Jerusalém, sabendo que os israelitas se desviaram dele, disse: "Jerusalém, Jerusalém, que mata os profetas e apedreja os mensageiros que Deus lhe manda! Quantas vezes eu quis abraçar todo o seu povo, assim como a galinha ajunta os seus pintinhos debaixo das suas asas, mas vocês não quiseram!" (Lucas 13:34). Em uma época em que as crianças eram muitas vezes ignoradas, Jesus reservou um tempo para elas (18:15,16).

É verdade. Jesus é terno e protetor. Mas isso não é tudo o que Ele é. Pois, o mesmo Jesus que tirou tempo para as crianças também diria diretamente para as pessoas: "Quanto a estes pequeninos que creem em mim, se alguém for culpado de um deles me abandonar, seria melhor para essa pessoa que ela fosse jogada no lugar mais fundo do mar, com uma pedra grande amarrada no pescoço" (Mateus 18:6).

O mesmo Jesus que chorou sobre Jerusalém fez um chicote e tirou os agiotas do templo. Os agiotas nada virtuosos estavam roubando dos pobres ao vender artigos que eram usados no culto (pombos, pão etc.) com preços inflacionados. Jesus os acusou de transformar a casa do Seu Pai — uma casa de oração — "...num esconderijo de ladrões" (Lucas 19:46).

Sim, ainda bem que Jesus é gentil e manso. Mas essa é só parte da imagem. E apresentar a imagem pela metade, como se fosse inteira, é uma imagem errada.

Jesus é também forte e justo. Seu poder divino pode ser visto em Seu cuidado conosco. —Jeff Olson

leia>

Lucas 19:45-47

...Nas Escrituras Sagradas está escrito que Deus disse o seguinte: "A minha casa será uma 'Casa de oração'." Mas vocês a transformaram num esconderijo de ladrões (v.46).

examine>

Observe a ousadia de Jesus enquanto Ele denunciava a hipocrisia dos fariseus (Mateus 23:1-31).

considere>

Como você vê Jesus? O que precisa acrescentar à essa visão para que tenha a imagem completa dele?

aplicação pessoal>

perdoe-me, por favor

Vi uma senhora arrastando-se pelos corredores com um andador na seção de livros com letras grandes da biblioteca. Ela parava frequentemente para colocar um livro em sua sacola. Apesar de ser limitada em movimentos e de sua falta de força, ela levaria para casa uma porção de livros! Qualquer pessoa com tal limitação teria uma grande desculpa para ficar em casa.

Jeremias tinha o que parecia ser uma sólida desculpa quando Deus o chamou para ser profeta. Tentou: "...sou muito jovem ...não passo de uma criança" (Jeremias 1:6). Mas o Senhor respondeu: "...Não diga que é muito jovem, mas vá e fale com as pessoas a quem eu o enviar e diga tudo o que eu mandar" (v.7). Assim como o profeta, alguns de nós tentamos nos justificar a respeito do serviço cristão por causa da nossa relativa inexperiência. Deus se importa mais com nossa obediência, porém, do que com nosso nível de experiência.

Deus antecipou a provável próxima desculpa ao aconselhá-lo: "Não tenha medo de ninguém, pois eu estarei com você para protegê-lo..." (v.8). A presença e proteção divina são mais importantes do que os problemas que possamos encontrar em Seu serviço. Paulo expressou assim: "...Se Deus está do nosso lado, quem poderá nos vencer?..." (Romanos 8:31). Embora seja verdade que nossas justificativas sejam inaceitáveis diante de nosso Pai celestial, Ele não exige só obediência, promete proteção e deixa por isso mesmo. No caso de Jeremias, o Senhor estendeu a mão e tocou sua boca dizendo: "...Eu estou lhe dando a mensagem que você deve anunciar" (Jeremias 1:9). E mais tarde disse: "...hoje eu estou lhe dando forças..." (v.18).

Quando rendemos nossos corações irresolutos, Deus nos dá um vislumbre de Seu poder capacitador. Seu apoio sobrenatural nos ajuda a ir adiante e servi-lo... sem desculpas! —Jennifer Benson Schuldt

leia›

Jeremias 1:1-10

...mas vá e fale com as pessoas a quem eu o enviar e diga tudo o que eu mandar (v.7).

examine›

Leia o livro de Eclesiastes 12:6,7 para ver porque é importante servir a Deus na juventude. Veja no livro de Êxodo 4:10-17 a conversa de Deus com Moisés sobre as desculpas dele.

considere›

Você vê o culto cristão como um dever ou como um privilégio? O que ainda o detém de servir a Deus?

aplicação pessoal›

perto

Invictus, filme estrelado por Morgan Freeman e Matt Damon foi encenado na África do Sul, no final do apartheid (segregação racial). É a história dos primeiros anos de Nelson Mandela como primeiro presidente negro do país. As cenas iniciais mostram negros jogando futebol num pequeno campo poeirento, e os brancos, vestidos em uniformes claros e limpos, jogando rúgbi num campo luxuoso do outro lado da rua. Ao passar o comboio de Mandela (possivelmente indo para seu novo escritório na capital), o treinador branco de rúgbi diz: "Lembrem-se deste dia, rapazes. É o dia em que nosso país foi lançado aos cães."

A história humana é repleta de pessoas que se opõem. Uma raça contra outra, um país contra outro. Para os efésios, a divisão era entre judeus e gentios. Ódio, medo e orgulho (bem como a má aplicação das instruções divinas) fizeram desses vizinhos, inimigos hostis.

No entanto, ainda mais terrível é o triste conto de como nós nos voltamos contra Deus e fugimos do Seu amor, por causa do nosso jeito arrogante. Como consequência, as Escrituras dizem que somos "os de fora" (1 Coríntios 5:12). Ser um "de fora" é estar separado, distanciado — longe do próximo e longe de Deus. Paulo mostra o resultado em termos horrendos. Deixados a nosso próprio cuidado, ficamos sem esperança e sem Deus (Efésios 2:12). Você pode imaginar descrição mais solitária e desesperadora do que *os de fora?*

Pela graça divina não somos deixados nessa situação difícil, pois Ele veio a nós em Jesus. Deus, a quem nós abandonamos e nos afastamos, aproximou-se e nos trouxe "...a paz..." (v.14) — paz com Ele e, por sua vez, paz oferecida a toda humanidade. Onde quer que haja pessoas enfrentando separação, hostilidade ou solidão, Deus se apresenta. A paz está próxima, pois Deus está próximo. —Winn Collier

leia>

Efésios 2:11-22

...vocês, que estavam longe de Deus, foram trazidos para perto dele pola morto do Cricto na cruz (v.13).

examine>

Leia o capítulo 2 de Efésios inteiro e escreva como era a vida sem Deus em contraste com a vida com Deus.

considere>

De quem você se distanciou? Servir a Deus o aproxima dessa pessoa? Ao se sentir longe de Deus, Ele o procura apesar da distância?

aplicação pessoal>

atenção *on-line*

Se você estiver lendo um devocional *on-line*, em poucos minutos você pode ir para outros sites. Quando o fizer, preste atenção ao que prende a sua atenção. Que imagens e palavras o fazem parar por um segundo. Em que links você clica e por quê?

Quando Jesus disse que o olho é a lâmpada do corpo (Mateus 6:22), Ele se referia à antiga crença de que o olho tinha uma chama interna. A luz procede dos olhos, interage com a luz emitida do objeto em foco e então volta através do olho e penetra no coração.

Você se torna parecido com aquilo que atrai sua atenção. Se seu olho for "bom", literalmente "único" ou "simples", seu compromisso com a pureza e verdade irão fluir por todo seu corpo com luz (vv.22,23). Mas se você jogar nos dois times — se deixar envolver por fotos provocativas, rumores ou sarcasmo, então todo seu corpo será envolvido em trevas. O mundo virtual pode causar dano a sua alma. O que na internet faz seu olho brilhar?

Os anunciantes usam o sexo, fofocas e a ambição para criar sites "grudentos" dos quais é difícil sair. Um olho mal irá racionalizar permanecendo ali. Você sabe que não vale a pena clicar naquela história picante, mas diz a si mesmo que não vai fazer mal desta vez. E assim desperta o apetite da luxúria, e daí para frente cada vez que se conectar vai esperar olhar furtivamente algo novo, e logo sua alma enfraquecida estará abrigando segredos obscuros e vergonhosos.

Muitos sites enriquecem atraindo pessoas à sua destruição, então a coisa mais perigosa que você pode fazer é navegar na internet negligentemente. Leve Jesus consigo para o mundo virtual. Quando for possível, use a *web* na frente dos outros. E lembre-se de que aquilo que faz seu olho brilhar também pode mudar você. —Mike Wittmer

leia>

Mateus 6:19-34

Os olhos são como uma luz para o corpo: quando os olhos de vocês são bons, todo o seu corpo fica cheio de luz. Porém, se os seus olhos forem maus, o seu corpo ficará cheio de escuridão... (vv.22,23).

examine>

Que lições extraídas do livro de Provérbios 7 podem ser aplicadas ao uso da internet?

considere>

Há algum site que você deveria parar de visitar? No geral, passar tempo na internet ajuda ou atrapalha sua vida cristã? Por quê?

aplicação pessoal>

quero viver

Meu filho mais novo, estava fora de casa, andando de bicicleta. Eu estava na cozinha quando ele entrou correndo em minha direção com um corte debaixo do olho esquerdo. À medida que o sangue fluía, ele gritava assustado: "Eu quero viver! Eu quero viver! Eu quero viver!"

Ele não estava só assustado pelo sangue, estava apavorado, pensando que poderia morrer. E por mais que sua reação parecesse extrema, examinar seu passado explicaria seu medo.

Antes de vir morar comigo, ele já tinha sentido o "aguilhão" da morte várias vezes. Quando tinha só 18 meses, seu irmão gêmeo morreu. Aos 4 anos, perdeu a mãe e o pai por causa da AIDS. Sete dos seus nove tios e tias, que moravam na mesma vila, também morreram durante os primeiros 5 anos de sua vida. Na comunidade carente onde vivia, mais pessoas morriam de doenças do que sobreviviam a elas. Então, é compreensível que meu filho tenha pensado que a morte estava se aproximando dele também.

Ninguém quer morrer jovem. Quando a morte aproximava-se do rei Davi, ele clamou a Deus para que o poupasse. "...Deus me tirou as forças e encurtou a minha vida" recordava, "Ó meu Deus, tu que vives para sempre, não me leves agora... (Salmo 102: 23,24). Em resposta, Deus continuou a proteger e preservar a sua vida. Como declarou Samuel, Ele é soberano sobre a vida e a morte.

Por causa do pecado todo "...o Universo se tornou inútil..." (Romanos 8:20). A boa notícia é que Jesus Cristo nos dá vitória sobre a morte. Por meio dele podemos ter a coragem porque nada "...nem a morte, nem a vida [...] nem o presente, nem o futuro — Em todo o Universo não há nada que possa nos separar do amor de Deus..." (Romanos 8:38,39). Podemos descansar em Suas mãos soberanas. —Roxanne Robbins

leia›

1 Samuel 2:6-10

O Senhor Deus é quem tira a vida e quem a dá... (v.6).

examine›

Liste cada prova que o livro de Romanos 8:34-37 afirma que não podem separá-lo do amor de Deus.

considere›

Que promessas na Palavra de Deus lhe dão confiança de que Jesus lhe deu vitória sobre a morte? Por que você quer viver?

aplicação pessoal›

generosidade radical

Provavelmente você já ouviu a frase: "Ele daria a roupa do corpo." Isso descreve um tipo de generosidade mostrada por alguém que pensa nas necessidades dos outros antes das suas próprias.

Um pastor amigo meu trouxe vida àquela frase quando deu seu surpreendente desafio à sua congregação: "O que aconteceria se tirássemos os casacos que estamos usando e os déssemos aos necessitados?". Então, tirou seu próprio casaco e o colocou na frente da igreja. Dezenas de outras pessoas seguiram seu exemplo de generosidade radical. Isso foi no inverno do hemisfério norte. A viagem de volta para casa foi verdadeiramente desconfortável, mas o inverno se tornou de repente mais tolerável para as muitas pessoas que receberam aqueles casacos.

Quando João Batista estava vagando pelo deserto da Judeia, tinha um aviso austero para a multidão que vinha ouvi-lo. "Ninhada de cobras venenosas!", censurava-os. "...Façam coisas que mostrem que vocês se arrependeram..." (Lucas 3:7,8). Então lhe perguntavam: "...O que devemos fazer?" (v.10). Ele lhes respondia com conselhos práticos: "...Quem tiver duas túnicas dê uma a quem não tem nenhuma, e quem tiver comida reparta com quem não tem" (v.11).

Perceba que o conselho de João não era literalmente de dar a roupa do corpo. Mais exatamente, exortava-lhes a doar da abundância. "*Quem* tiver...". Em outras palavras, cuide das suas próprias necessidades, porém não acumule. Seja generoso.

Nossa doação não deveria ser baseada na culpa, pois "...Deus ama quem dá com alegria" (2 Coríntios 9:7). Mas, quando damos liberalmente, descobrimos que é realmente verdade que "...É mais feliz quem dá do que quem recebe" (Atos 20:35). Nenhum de nós é tão pobre que não possa doar *algo*. —Tim Gustafson

leia>

Lucas 3:7-14

...Quem tiver duas túnicas dê uma a quem não tem nenhuma, e quem tiver comida reparta com quem não tem (v.11)

examine>

O que o livro de 2 Coríntios 8:1-5 nos diz sobre a generosidade da igreja pobre na Macedônia?

considere>

O que você não tem usado e que pode ser doado para um necessitado? Escolha três pessoas para você ajudar inesperadamente nesta semana.

aplicação pessoal>

uma grande família

Mateus é um menino de 9 anos que vive com sua mãe solteira. João tem 80 anos e recentemente ficou viúvo. E tem a Íris. Há pouco tempo, ela deu à luz a quadrigêmeos e agora é mãe de cinco meninas! Sim, minha igreja é formada por muitas pessoas com experiências e necessidades diferentes. Ministrar efetivamente a cada uma exige cuidado e sensibilidade.

As instruções de Paulo a Timóteo são muito esclarecedoras nesse assunto. Primeiro, disse que a forma como você trata as pessoas é resultado de como as *vê* (1 Timóteo 5:1,2). Se Timóteo começasse vendo cada homem mais velho da congregação como um pai, ele os trataria com honra e respeito naturalmente. Paulo enfatizou os relacionamentos em seu ministério, e foi firme no incentivo ao que é certo.

A seguir, ele ensina que a igreja não deveria ajudar a todos indiscriminadamente. Só a necessidade não é suficiente para que se receba assistência financeira da congregação (v.16). Há muito mais coisas envolvidas na compaixão cristã do que simplesmente distribuir dinheiro. O padrão apresentado nesta passagem é um ministério *cuidadosamente estruturado em torno do ser total*. Isso encoraja e facilita a vida santa e produtiva, e também preserva do mau uso e abuso que pode ameaçar o testemunho da igreja.

Após aprender a "visão de família", eu a apliquei. Comecei a ver os jovens como meus irmãos e as mulheres mais velhas como minhas mães. Esse pequeno ajuste mental tem tido um impacto na forma como eu me relaciono com os seguidores de Jesus. Eles não são só problemas a serem resolvidos, mas pessoas a quem amar.

Vamos continuar a buscar sabedoria em Deus no modo como amamos uns aos outros, de uma forma que nos encoraje a viver de maneira santa e produtiva. Afinal, somos uma grande família. —Poh Fang Chia

leia>

1 Timóteo 5:1-16

Não repreenda um homem mais velho, mas o aconselhe como se ele fosse o seu pai. Trate os homens mais jovens como irmãos (v.1).

examine>

Leia o livro de Gálatas 6:6-10 para obter mais instruções sobre como tratar os outros na família da fé.

considere>

Você poderia ajudar e incentivar alguém da sua igreja na próxima semana? É preciso ver os outros mais como família e menos como membros da igreja?

aplicação pessoal>

não o vi

Quando uma pessoa da nossa família perdeu o *iPod Touch* novo do irmão — em nossa *casa* — uma onda de decepção e perplexidade permaneceu por vários dias. (*Como se perde um iPod em casa?*). Oramos muito e surgiram muitas teorias à medida que lutávamos para encontrar o caro equipamento. E então, debaixo das almofadas onde as pessoas havia sentado e orado dias antes, foi achado o aparelho... bem no fundo do nosso sofá-cama!

Este episódio de minha vida familiar me lembra de uma história engraçada que está no livro de Atos 12. Começa, no entanto, de uma forma não muito bem engraçada. O apóstolo Pedro estava preso em Jerusalém pelo rei Herodes (v.3). Esse rei também mandou matar Tiago (irmão de João) como um favor aos líderes judeus. Parecia que Pedro seria o próximo da lista.

Enquanto o apóstolo era mantido em cadeias, "...a igreja continuava a orar com fervor por ele" (v.5). Então, na noite anterior ao julgamento de Pedro, ele foi milagrosamente libertado por um anjo (v.7). Assim que ganhou a liberdade se dirigiu para um lugar seguro — a casa de Maria, mãe de João Marcos (vv.10-12) (Aqui está a graça). Quando bateu na porta, gentilmente, e chamou bem baixinho, uma menina chamada Rode o ouviu e ficou cheia de alegria. Mas, ao invés de abrir-lhe a porta, ela correu para o fundo e *contou aos outros*! Inicialmente, nenhum daqueles que haviam orado diligentemente pela libertação de Pedro acreditou nela. Então, o apóstolo continuou batendo na porta e *finalmente* o deixaram entrar (vv.13-16).

O registro divertido levanta uma questão: há algo pelo qual tenha orado fervorosamente e que Deus já tenha respondido? Pode ser a hora de você entender a realidade de que a resposta de Deus já é clara. —Tom Felten

leia›

Atos 12:6-19

Quando reconheceu a voz de Pedro, ficou tão contente, que, em vez de abrir a porta, voltou correndo para contar que Pedro estava lá fora (v.14).

examine›

O que os livros de Salmo 3:4 e de 1 Pedro 3:12 nos falam sobre Deus e Sua resposta às nossas orações?

considere›

O que o impede de ver respostas às suas orações? Como você reage quando Deus o responde de forma que o decepciona?

aplicação pessoal›

duradouro

Quando eu estava na escola primária, as crianças da vizinhança fizeram um forte de sobras de madeira. Precariamente equilibrado no chão, com três níveis e com espaço suficiente para dois corpos pequenos em cada um. Meu pai, ao ver a criação, logo proibiu que eu subisse nele, já que estava convencido de que um acidente era iminente. Intimidada, obedeci. Meu pai sabia que eu ignorava os salientes pregos enferrujados e as tábuas separadas que se inclinavam para trás, porque só via o que parecia ser divertido. Mas o forte não havia sido construído para durar.

Em um dia qualquer, temos muitas coisas clamando por nossa atenção. Desde o trivial até o monumental, a vida é uma série de escolhas. É fácil responder a qualquer coisa que convenientemente cruze nosso caminho, controle nossa atenção ou pareça mais prazeroso, mas as Escrituras nos lembram que devemos exceder em bondade. O livro de Filipenses 1:10 diz: "...Assim, no dia da vinda de Cristo, vocês estarão livres de toda impureza e de qualquer culpa"

Ao escrever à igreja de Corinto, Paulo ensina que não há outro fundamento além de Jesus, porque a salvação vem somente ao aceitar Sua vida em troca da nossa. Mas, o apóstolo continua a fim de esclarecer que a salvação é a base (ponto inicial) de nossas vidas — e que o que construímos a partir dali depende das escolhas que fizermos cada dia.

Podemos ser salvos, mas escolher investir nossa vida em atividades infrutíferas (1 Coríntios 3:15). Por outro lado, podemos entender nossa salvação tão profundamente a ponto de cada momento se transformar em uma oferta a Deus. Nossas obras não serão testadas pela aparência, nosso nível de alegria, ou pela opinião dos outros. É o fogo de Deus que irá revelar se vivemos com este mundo ou o próximo em vista.

—Regina Franklin

leia>

1 Coríntios 3:12-23

O Dia de Cristo vai mostrar claramente a qualidade do trabalho de cada um. Pois o fogo daquele dia mostrará o trabalho de cada pessoa: o fogo vai mostrar e provar a verdadeira qualidade do trabalho (v.13).

examine>

Leia o livro de Mateus 6:19-21 para ver a ligação entre os investimentos que fazemos na vida e a condição de nossos corações.

considere>

Coisas simples podem se tornar investimentos eternos? Devemos basear o valor de nossos investimentos na atenção que eles recebem? (Mateus 6:4).

aplicação pessoal>

mil palavras

Em uma tirinha, um digitador pergunta a um artista: "Por que uma imagem vale mil palavras?". Ele responde: "Você digita rápido?" "Cerca de 25 palavras por minuto," respondeu o digitador. "É isso! Quando eu terminar meu desenho depois de 40 minutos... você terá digitado mil palavras". É engraçado, mas (obviamente) não explica o adágio. O que ele quer dizer mesmo é que a ideia de um conceito complicado pode ser transmitida por uma única imagem inanimada.

A Bíblia se utiliza de várias representações para ilustrar essa sabedoria: lâmpada/luz (Salmo 119:105); martelo e fogo (Jeremias 23:29); espada (Hebreus 4:12); prata e ouro (Salmo 119:72); alimento (Jó 23:12); e leite (1 Pedro 2:2).

Tiago usou três metáforas para descrever o que a Palavra de Deus é e faz. Primeiro, é a "...palavra da verdade..." (Tiago 1:18), repetindo o que Jesus ensinara anteriormente: "...a tua mensagem é a verdade" (João 17:17). Provavelmente refletindo sobre a parábola do semeador (Lucas 8:5-15), ele falou sobre a "...mensagem que Deus planta no coração..." (v.21; Lucas 8:11). E por último, comparou-a a um "espelho" (Tiago 1:23).

Também usou três metáforas para descrever o papel da Bíblia em nossa salvação. Usando uma imagem da natureza, disse que a Palavra de Deus "nos gerou" (v.18). Nossa vida nova é eterna "...pela viva e eterna palavra de Deus..." (1 Pedro 1:23). Do mundo da agricultura, a palavra implantada "...a qual pode salvá-los" (Tiago 1:21). Deus cumpriu Sua promessa de gravá-la em nossos corações (Jeremias 31:33). E relacionado à estética, é um espelho que nos mostra quem somos, capacitando-nos a corrigir os erros que revela (Tiago 1:23-25).

A Palavra de Deus nos dá vida nova e nos ajuda a vivê-la. Mas teremos que praticar o que ela diz (vv.22,25). —K. T. Sim

leia>

Tiago 1:18-25

Não se enganem; não sejam apenas ouvintes dessa mensagem, mas a ponham em prática (v.22)

examine>

O que as comparações: lâmpada/luz (Salmo 119:105); martelo e fogo (Jeremias 23:29); espada (Hebreus 4:12); prata e ouro (Salmo 119:72); alimento (Jó 23:12); e leite (1 Pedro 2:2) falam sobre a Bíblia?

considere>

O que a Palavra de Deus está falando a você hoje?

aplicação pessoal>

a história de dois ricos

Muitos de nós conhecemos a história de Zaqueu, o homem "de pequena estatura" que subiu num sicômoro para ver Jesus passando. No entanto, Lucas coloca sua história em contexto próximo a de outro homem rico — o jovem que visitou Jesus. A proximidade das duas narrativas realçam contrastes nítidos:

• O jovem rico cria que era justo, mostrando como obedecera todos os Dez Mandamentosdesde pequeno (18:21). Zaqueu, porém, disse: "...se roubei alguém, vou devolver quatro vezes mais" (19:8).

• As pessoas criam que o jovem rico era justo e tinham certeza de que se ele não estivesse próximo de Deus, ninguém mais estaria (18:26), ao passo que ninguém acreditava na justiça de Zaqueu, chamando-o de "homem pecador" (19:7).

• O jovem queria sua riqueza mais do que queria a Deus. Quando Jesus o convidou a doar seu dinheiro e a segui-lo, ele "...ficou muito triste, pois era riquíssimo" (18:23). Quando Zaqueu encontrou Jesus, porém, "...desceu depressa e o recebeu [...] com muita alegria" (19:6).

A única semelhança entre os dois parece ser o fato de que eram ricos. A partir daí tudo difere. E fica claro que o assunto principal não era seu dinheiro, mas seu coração. Jesus pediu ao jovem que doasse tudo (um pedido extremo para um homem orgulhoso que precisava ver que não era tão justo quanto se considerava). Mas não pediu a Zaqueu para desistir de nada. Sua única requisição foi por um convite para comer em sua casa.

Depois de encontrar o verdadeiro amor e justiça, Zaqueu se arrependeu voluntariamente. —Winn Collier

leia>

Lucas 18:18-30; 19:1-9

...aquele que, por causa do Reino de Deus, deixar casa, esposa, irmãos, parentes ou filhos receberá ainda nesta vida muito mais e, no futuro, receberá a vida eterna (vv.29,30).

examine>

Reveja as passagens bíblicas. Que outros contrastes você vê? Que dicas percebe com relação às diferentes posturas em relação a Jesus?

considere>

Você é como o jovem rico (independente) ou como Zaqueu (rápido para receber misericórdia)? Deus lhe pediria para doar tudo, ou para convidá-lo a jantar?

aplicação pessoal>

a riqueza da sabedoria

Um trabalhador voluntário australiano, Paul Hol, encontrou um tesouro enquanto classificava centenas de livros doados. Descobrira uma cópia da primeira edição do romance *1984*, escrito por George Orwell, em 1948. O livro ainda ostentava sua capa vermelha coberta de poeira — a cor mais rara para aquela impressão. Sua descoberta acabou sendo vendida em um leilão privado por aproximadamente cinco mil reais.

O livro de Jó descreve um tipo de tesouro diferente, muito bem avaliado. Diz: "Ela vale mais do que o ouro ou o vidro; [...] a sabedoria é mais valiosa do que as pérolas" (Jó 28:17,18). Ela é tão preciosa porque a vida é cheia de decisões. *Deveria casar-me com este homem? O que deveria dizer a um amigo que me traiu? Posso pagar este financiamento?* Precisamos da sabedoria em todas as situações.

Felizmente, para nós "Só Deus conhece o caminho; só ele sabe onde está a sabedoria" (v.23). E o Senhor não pede que nós participemos de uma compra privada — doando-a somente ao que fizer o maior lance. "Ela não pode ser comprada com ouro, nem trocada por prata" (v.15). A Bíblia diz: "...se alguém tem falta de sabedoria, peça a Deus, e ele a dará porque é generoso..." (Tiago 1:5).

Além de pedir a Deus por bom entendimento, a Bíblia também diz que "Para ser sábio, é preciso primeiro temer a Deus, o SENHOR..." (Provérbios 9:10). Temer a Deus envolve viver em reverência a Ele. Esta contínua reverência deve impelir-nos a renunciar o mal para nos alinharmos com os caminhos e pontos de vista de Deus (Oseias 14:9).

Você precisa tomar uma decisão difícil hoje? Não negligencie a riqueza que há na sabedoria divina. Peça a Deus para torná-lo sensível. Deixe que seu respeito pelo Senhor determine sua decisão e confie que "...a sua sabedoria..." o protegerá (Provérbios 2:11). —Jennifer Benson Schuldt

Leia›

Jó 28

...Para ser sábio, é preciso temer o Senhor... (v.28).

examine›

Leia o livro de Tiago 3:17,18 para ver como a sabedoria divina difere da sabedoria mundana. Observe no livro de Provérbios 2:6-19 quais são as possíveis consequências da sabedoria.

considere›

Como o temor a Deus nos ajuda a obedecer Suas ordenanças e como isso pode afetar nossas decisões?

aplicação pessoal›

a Bíblia e a sexualidade

Em seu livreto *What the Bible Says — and Doesn't Say — about Homosexuality* (O que a Bíblia diz e não diz sobre homossexualidade), Mel White declara: "A Bíblia é um livro sobre Deus, sobre o Seu amor pelo mundo e pelas pessoas. É a história do amor de Deus em ação resgatando, renovando, dando poder à humanidade. Este livro nunca pretendeu ser sobre sexualidade humana. Você, com certeza, concorda."

Com todo respeito, eu discordo com parte dessa afirmação de White. Felizmente a Bíblia é um livro sobre Deus e Seu plano para resgatar e restaurar o mundo por intermédio de Jesus Cristo. Mas desde o Gênesis em diante, ela também é um livro sobre a sexualidade humana. O primeiro capítulo já fala que Deus criou os seres humanos à Sua imagem como "homem e mulher" (Gênesis 1:27).

A sexualidade humana começa com o gênero. Jesus destacou o aspecto mais importante da nossa sexualidade: "...Por acaso vocês não leram o trecho das Escrituras que diz: 'No começo o Criador os fez homem e mulher'?" (Mateus 19:4).

Os gêneros masculino e feminino não são uma nota de rodapé casual da humanidade. A Bíblia não está dizendo: "A propósito, o Deus Criador fez as pessoas à Sua imagem como homem e mulher". O Antigo e o Novo Testamentos atraem a atenção ao gênero porque é basilar à mensagem da Palavra de Deus.

Ao contrário do que nossa cultura proclama, o gênero não é uma idealização feita pelo homem. A masculinidade e a feminilidade não são resultado de engenharia social. É um dos aspectos mais básicos e duradouros do desígnio divino para nossas vidas. A atração sexual natural pelo sexo oposto é resultado da identidade sexual dada por Deus. E quanto mais conhecermos quem somos como homens e mulheres, mais podemos conhecer a alegria e propósito de refletir a força e compaixão de nosso Criador (Salmo 62:11,12). —Jeff Olson

leia>

Gênesis 1:26-28

Deus os criou homem e mulher, e os abençoou... (5:2).

examine>

Peça respeitosamente àqueles que rejeitam a importância do gênero que considerem essas palavras de Jesus: "...Vocês abandonam o mandamento de Deus e obedecem a ensinamentos humanos"(Marcos 7:8).

considere>

O que significa para você ser um homem ou uma mulher? Por que é importante que as pessoas entendam verdadeiramente a instrução bíblica sobre sexualidade?

aplicação pessoal>

amor silencioso

Meu vizinho rico decidiu que não queria mais pagar seu financiamento, e por isso saiu de nosso bairro para uma casa maior. Sua casa antiga foi levada a leilão, o que reduziu o valor da minha, pois casas leiloadas normalmente são vendidas muito abaixo do que dita o mercado. Ele também parou de pagar suas taxas de associação para a manutenção da vizinhança — o que obrigou que eu e outros vizinhos arcássemos com os custos. Meu vizinho negaria estar fazendo algo errado, mas seu ato egoísta tirou dinheiro das pessoas da minha comunidade.

Amar o próximo significa oferecer um aceno simpático quando você passa pela rua ou dar uma mão quando necessário. Mas isso valerá pouco se você quebrar a promessa básica de pagar seu financiamento e proteger o valor imobiliário de sua vizinhança, somente por conveniência pessoal.

O Antigo Testamento mandava que Israel não "oprimisse o próximo" (Levítico 19:13) e Paulo acrescentou: "O amor não pratica o mal contra o próximo; de sorte que o cumprimento da lei é o amor" (Romanos 13:10).

Posso ver claramente como meu vizinho me oprimiu (Levítico 25:17), mas reflito sobre como *tenho sido* indiferente com os outros. Esforço-me para cumprir minhas tarefas caseiras, participo ativamente de eventos da comunidade, faço minha parte em trabalhos de equipe?

Agora aprecio o amor comum e constante dos que me cercam. Talvez você tenha tido um pai que não escrevia bilhetes eloquentes de amor, mas trabalhava pesado para lhe dar um teto e colocar comida em seu prato. Essa era a sua forma de amá-lo, com um amor mais sólido do que palavras bonitas.

Nada demostra mais o amor do que praticá-lo diariamente. Ame seu próximo e, se necessário, use palavras. —Mike Wittmer

leia>

Levítico 25:1-22

Que ninguém explore os outros; que todos temam a Deus, pois ele é o SENHOR, nosso Deus (v.17).

examine>

Leia o livro de Romanos 13:1-10 e reflita porque Paulo discute o pagamento de impostos com o mandamento de amar ao próximo.

considere>

Houve alguém que já o amou de forma tão discreta e confiável que você não reconheceu? Permita-lhe saber que você reconhece!

aplicação pessoal>

palavras sábias

Para continuar o trabalho em Uganda por meio da organização sem fins lucrativos *Tukutana* que inaugurei em 2009, tive que levantar uma quantia considerável de fundos em pouco tempo. Apesar da economia deficitária, a necessidade foi compartilhada por *email*, choveram doações, e meu alvo para o trimestre foi atingido em menos de 48 horas!

Experimentar a provisão divina de forma tão forte me lembrou da verdade que está no livro de 2 Coríntios 9:8: "E Deus pode dar muito mais do que vocês precisam [...] e ainda mais do que o necessário para fazerem todo tipo de boas obras".

Não foi só o feliz resultado final, porém, que me fez refletir na Palavra de Deus. Durante o processo de arrecadação, recebi muitos "nãos" que também me levaram às Escrituras.

Uma pessoa escreveu: "Estamos frustrados por não podermos contribuir para essa parte da obra de Deus no momento." Outra acrescentou: "De novo, amamos o que você está fazendo e não podemos evitar o desejo de cooperar para apoiá-la. Mesmo assim sabemos que o Senhor nos levou a nos doarmos para esses outros ministérios e assim podemos deixá-los com alegria e saber que Deus levantará outros para cumprir Seus propósitos."

De fato, como expressaram esses amigos, qualquer ministério que façamos parte é só uma simples fatia da vasta obra de Deus ao redor do mundo. Estou agradecida por essa lembrança e por amigos que, mesmo não podendo participar financeiramente em meu trabalho, investiram tempo para me enviar palavras de encorajamento repletas de honestidade e compromisso.

Da parte deles, o valor de "palavras sábias" (Provérbios 18:4; 31:26) soaram verdadeiras em minha alma e me desafiaram — como espero que o desafie — a envolver seus "Nãos" em gentileza e incentivo.
—Roxanne Robbins

leia›

Provérbios 16:20-24

Saber dar uma resposta é uma alegria; como é boa a palavra certa na hora certa! (15:23)

examine›

O livro de Provérbios 16:24 diz: "As palavras bondosas são como o mel..." Você experimentou o benefício das palavras suaves recentemente? Escreva uma carta a alguém agradecendo por sua amizade.

considere›

Encoraje alguém a seguir em frente ou expresse uma qualidade que admira nele. De que maneira Jesus usou palavras sábias para inspirar pessoas?

aplicação pessoal›

ousado como um leão

Diz-se que William Seeker, um clérigo do século 17, afirmou que outra "ação singular de um cristão santificado é preferir a tarefa que fará para Deus ao perigo que teme dos homens. Os cristãos de todas as eras preferem servir acima de sua segurança. 'O perverso foge quando ninguém [o persegue]; mas o justo é ousado como um leão'".

Depois da morte de Moisés, Deus preparou Josué para ser ousado como um leão para que pudesse liderar os israelitas a atravessar o rio Jordão e entrar na terra prometida de Canaã (Josué 1:1-9). Deus conhecia os muitos riscos, dificuldades e oposição (dentro e fora) que estavam à frente do Seu líder e Seu povo. Assim, Josué precisaria agir com bravura durante os dias difíceis e fazer coisas perigosas em obediência a Deus.

Em vários versículos, Deus usou palavras poderosas para trazer coragem ao coração daquele homem: "...eu lhes darei toda a terra que pisarem" (v.3); "Você nunca será derrotado..." (v.5); "...Eu estarei com você [...]. Nunca o abandonarei" (v.5); "Seja forte e corajoso..." (v.6); "...o SENHOR, seu Deus, estarei com você em qualquer lugar para onde você for!" (v.9).

Qual foi a resposta deste líder à promessa divina de Sua presença constante e bênção? Ele escolheu seguir diligentemente as palavras de Deus e crer que Ele o fortaleceria, guardaria e protegeria (vv.10,11).

Como cristãos, somos chamados a fazer coisas que podem ser difíceis (falar aos vizinhos sobre Cristo), arriscadas (ministrar aos marginalizados) e até potencialmente perigosas (comunicar o evangelho a povos não alcançados) em obediência a Deus. Assim como Ele prometeu a Josué, também prometeu estar conosco (Hebreus 13:5). Vamos obedecer Sua Palavra com ousadia e declarar Sua verdade. —Marvin Williams

leia>

Josué 1:1-9

...Seja forte e corajoso! Não fique desanimado, nem tenha medo, porque eu, o SENHOR, seu Deus, estarei com você em qualquer lugar para onde você for! (v.9).

examine>

Assim como fez com Josué, Deus deu palavras de encorajamento ao rei Josafá. Leia o livro de 2 Crônicas 20:15-19.

considere>

Deus é sua fonte de coragem e obediência? Quais riscos ou perigos Ele o chama a correr em obediência a Ele e a Sua Palavra?

aplicação pessoal>

regras e ordem

Quando você entra na sala, é recebido por sons confusos. Todos estão falando, mas ninguém ouve. Por um momento, você acha que entrou na Bolsa de Valores de Nova Iorque — mas não é um lugar onde se fala tão alto e tão vivaz. É uma reunião na igreja de Corinto.

Obviamente a igreja nesta cidade era tudo, menos monótona. Era repleta de atividades para fazer. Mas, para manter a ordem, Paulo precisou estabelecer algumas regras. Instruiu-os de que o princípio mais importante de todas as atividades na igreja deveria ser a edificação mútua. Pois, "...Quando vocês se reúnem na igreja, um irmão tem um hino para cantar; outro, alguma coisa para ensinar; outro [...]. Que tudo seja feito para o crescimento espiritual da igreja" (1 Coríntios 14:26). E deve ser feito de forma ordenada porque "...Deus não é de confusão, e sim de paz. Como em todas as igrejas dos santos" (v.33).

O professor de estudo bíblico Ray Stedman resumiu desta forma: "Quando a igreja se reúne, pode se edificar de forma maravilhosa. Pode ser fortalecedor se reunir, encorajar um ao outro na fé, compartilhar o exercício dos dons espirituais, ser ensinado pela mente de Deus, pelo Espírito de Deus, por meio de Sua Palavra e ser consolado em tempos de dificuldade, provação e pressão. Este é o propósito para esse ajuntamento. Mas tudo o que fizer, não deixe que se torne um ministério confuso e sem propósito, que representa mal o caráter do Senhor, que é um Deus de ordem e decência."

É estimulante frequentar uma igreja que está em conformidade com as instruções divinas. Portanto, irmãos em Cristo, façamos nossa parte.
—Poh Fang Chia

leia>

1 Coríntios 14:26-40

...Quando vocês se reúnem na igreja, um irmão tem um hino para cantar; outro, alguma coisa para ensinar; outro, uma revelação de Deus [...]. Que tudo seja feito para o crescimento espiritual da igreja (v.26).

examine>

No livro de Filipenses 2:1-4 você pode observar mais ensinos de Paulo sobre a atitude gentil que os cristãos devem ter quando se reúnem.

considere>

Que regras ajudam a sua família da fé a funcionar bem? De que forma você pode participar do fortalecimento mútuo?

aplicação pessoal>

anjos guerreiros

Meus filhos adoram lutar comigo. Eles criam nomes como Capitão Trovão e Ninja Tigre. Em grande adrenalina, eles me atacam com gritos, um alvoroço de energia de meninos com esperança de que *desta* vez eles irão me derrubar. Eu jogo por um tempo, fingindo até desespero para não frustrar seu sonho prematuramente. Porém, no final eu os prendo com uma gravata até que clamem por misericórdia.

Jacó, que estava voltando para casa depois de anos escondido de seu irmão Esaú, sempre fora capaz de esquematizar sua saída ou entrada em qualquer situação. Seu nome significava "aquele que suplanta" e ganhara a reputação por seu jeito enganador. Ele tirou de seu irmão o direito de primogenitura e enganou seu pai já cego, Isaque, para dar-lhe a bênção do primogênito (Gênesis 25; 27). Ele inclusive manipulou para ganhar o controle do gado e da riqueza de seu sogro (31:1). Conseguia tudo o que queria.

Mas finalmente Jacó se viu em uma situação da qual não podia escapar. Seus servos lhe trouxeram a assustadora notícia de que Esaú estava vindo ao seu encontro com 400 guerreiros. E Jacó "...teve muito medo..." (32:7). Depois de anos de esquemas, suas habilidades de manipulação não iriam ajudá-lo. Querendo ficar sozinho, vagou pela noite. E "um homem" (que mais tarde se descobriu ser uma manifestação de Deus — talvez o próprio Jesus) surgiu na escuridão, enfrentando-o (v.24).

E os dois lutaram durante a noite. Perto do fim, o ser tocou-lhe "...na junta da coxa..." e a deslocou (v.25). Tudo o que Jacó podia fazer era esperar. Ele era um homem desesperado e necessitava de misericórdia. E Deus lhe deu. Antes de voltar para casa e para a vida extraordinária a qual o Senhor o chamara, ele precisava primeiro ser "quebrado". Então, vazio de si mesmo, pôde ser forte em Deus. —Winn Collier

leia>

Gênesis 32:22-32

...mas ele ficou para trás, sozinho. Aí veio um homem que lutou com ele até o dia amanhecer (v.24).

examine>

Reflita sobre a passagem novamente. Por que você acha que Jacó ficou perguntando o nome do anjo? Por que ele se recusou a falar? Que ligação isso tem com o novo nome que Jacó recebeu?

considere>

Em que situações você se sente mais autossuficiente, e em quais acha mais difícil crer que Deus seja suficiente?

aplicação pessoal>

corações abertos

Algumas vezes eu não quero conselhos. Em várias ocasiões abri meu coração para meu marido e ele respondeu com bons conselhos. Mas o que ele nem sempre entende é que eu só queria compartilhar meus pensamentos. Não quero respostas. Ajo como se fosse "toda ouvidos", e ouço só para ver se ele dirá o que eu quero ouvir. Embora queira conselhos santos, por ser necessário e frutífero, *não quero* sempre ouvir a verdade. Nesses momentos não há nada de errado com meus ouvidos — mas, meu coração é outro assunto...

Roboão, recém-coroado rei, queria satisfazer a necessidade de seu povo. Porém não compreendia o propósito de um conselho sábio. Alimentando sua necessidade de poder, seus amigos o aconselharam a agir de modo que custou a ele o apoio do povo e a maioria do seu reino (1 Reis 12:8). Tendo aprendido tarde demais que a popularidade com os amigos não era igual à sabedoria, Roboão escolheu seguir os motivos orgulhosos de seu próprio coração e o mau conselho dos amigos. Infelizmente, o desejo por um julgamento honesto de seu pai Salomão não fora transferido a ele (3:7-9).

Procurar outros para validar-nos com nossas "cabeças duras" não fará nada além de nos levar à ruína. O livro de Provérbios 13:20 diz: "Quem anda com os sábios será sábio, mas quem anda com os tolos acabará mal", enquanto 15:31 nos lembra: "Aquele que aceita a repreensão justa andará na companhia dos sábios."

Quando se trata de buscar conselhos, deveríamos refletir em oração: *onde o buscamos* (Salmo 101:6; 119:24), *como* o buscamos (Tiago 1:5,6); e por que o buscamos (Isaías 55:6-11).

Deus está pronto para revelar Sua sabedoria a nós. É nossa parte assegurar que nossos corações estejam prontos para ouvir. —Regina Franklin

leia>

1 Reis 12:1-16

Mas Roboão não seguiu o conselho dos homens mais velhos e foi falar com os jovens que haviam crescido junto com ele e que agora eram os seus conselheiros (v.8).

examine>

Leia o livro de Provérbios 11:14; 15:22; 24:6 para ver o valor de se buscar conselhos de fontes sábias.

considere>

A quem você normalmente busca por conselhos? Essa pessoa lhe dá conselhos santos? O que torna um conselho verdadeiramente sábio?

aplicação pessoal>

criatividade!

Estevão Saint precisava um carro que pudesse voar. Como não havia este carro mágico no mercado, ele começou a construí-lo, com oração e criatividade. Seu trabalho reflete o amor que tinha pela tribo Waodani no Equador. Seu pai, Natã Saint, fora piloto-missionário e morreu nas mãos dessa tribo, em 1956. Saint ministrou fielmente ao longo de anos a este povo. Seu engenhoso Maverick, que usava um paraquedas para voar, permitia melhor acesso às vilas Waodani no Amazonas, e em outras partes remotas do mundo.

Moisés precisava de pessoas habilidosas e criativas para produzir algo novo — o tabernáculo (Êxodo 35). A estrutura semelhante a uma barraca, onde Deus encontraria com Seu povo Israel, era o sonho de um artista — com materiais como ouro, prata, bronze, linho, madeira e pedras preciosas (vv.5-9). Moisés reuniu os homens hábeis (v.10) para criar o que Deus tinha planejado (v.5).

O povo de Deus estava entusiasmado com o projeto. Seu "coração se moveu" e seus espíritos foram impelidos enquanto doavam generosamente para vê-lo se transformar em realidade (v.21). Um homem chamado Bezalel, que tinha "...inteligência, competência e habilidade para fazer todo tipo de trabalho artístico" liderou a equipe de projeto (v.31). O tabernáculo ficou pronto a tempo, e Deus — em toda Sua glória — encontrava-se lá com Seu povo.

Você pode dizer: "Tudo bem, Estevão Saint e Bezalel usaram a criatividade e nos levaram a coisas maravilhosas, mas eu não sou criativo". Não é verdade! Cada um de nós é "feitura" de Deus e Ele tem "boas obras" em mente para criarmos e completarmos (Efésios 2:10).

Reflita sobre que assuntos e projetos você está enfrentando hoje. Em vez de ficar espantado ou se sentindo incapaz, utilize a criatividade de Deus e use suas habilidades para glorificá-lo! —Tom Felten

leia>

Êxodo 35:4-35

Pois foi Deus quem nos fez o que somos agora; em nossa união com Cristo Jesus, ele nos criou para que fizéssemos as boas obras que ele já havia preparado para nós (Efésios 2:10).

examine>

O que o livro de Gênesis 1:27 revela sobre o que podemos criar refletindo o nosso Criador?

considere>

Você pode se responsabilizar criativamente por algum desafio hoje? Como sua criatividade pode trazer glória a Deus?

aplicação pessoal>

"estamos seguros!"

O Relatório do Fórum *Pew*, de 2010, afirma que 53% dos cristãos nos EUA não sabiam que Martinho Lutero foi a pessoa que inspirou a Reforma Protestante. Assim, não sabiam que em 31 de outubro de 1517, na pequena cidade alemã de Wittenberg, Lutero fixou suas 95 *teses* na porta da igreja — convidando especialistas ao debate sobre o uso das indulgências; uma prática que ele cria dar aos cristãos uma falsa certeza de salvação. Lutero explicou o que é a verdadeira salvação em suas quatro primeiras teses: "1. Quando Jesus disse 'arrependam-se', Ele queria dizer que os cristãos deveriam ter uma vida inteira de arrependimento. 2. Só Deus pode dar salvação — não um sacerdote. 3. A penitência interior deve vir acompanhada de uma mudança adequada de estilo de vida. 4. O pecado sempre irá permanecer até que entremos no céu."

O povo de Judá tinha um falso senso de segurança. Criam que seu templo lhes garantia proteção (Jeremias 7:4). Viviam desonestamente e rejeitavam as leis de Deus (vv.8-11). O profeta Jeremias os avisou de sua tolice e falsidade, afirmando: "...estão confiando em palavras mentirosas..." (v.8). Também deixou claro que o templo do Senhor não pode salvar (vv.4,8) — somente o *Senhor* do templo salva (v.5).

As pessoas precisavam emendar seus caminhos (v.3), mudar e se arrepender (vv.5-10). Não podiam furtar, matar, cometer adultério e jurar falsamente e depois vir ao templo e se por na presença de Deus e dizer: "...'Nós estamos seguros!'" — para continuar a praticar estas abominações (vv.9,10). Sua "penitência interior deveria vir acompanhada de uma adequada mudança de estilo de vida" (Tese 3 de Lutero). Só assim Deus seria misericordioso (v.5). Só assim estariam salvos e seguros (v.7).

Como cristãos, devemos ser capazes de produzir frutos "...que mostrem..." arrependimento (Mateus 3:8). —K. T. Sim

leia›

Jeremias 7:1-11

Vocês roubam, matam, cometem adultério, juram para encobrir mentiras [...] depois vêm e ficam na minha presença, no meu próprio Templo, e dizem: "Nós estamos seguros!" (vv.9,10).

examine›

O que os livros de João 14:6; 1 Timóteo 2:5,6; Hebreus 7:23-28 nos ensinam sobre Jesus, o Salvador?

considere›

O que lhe dá um falso senso de segurança? O que vai fazer para se voltar a Deus e experimentar a verdadeira segurança?

aplicação pessoal›

polícia da moda

A cidade italiana de Castellammare criou sua própria versão da "polícia da moda." Esta polícia está autorizada a multar mulheres que usam roupas provocantes como minissaias, jeans justos e decotes. Um policial da cidade alegou que a proibição fez de Castellammare uma "cidade civilizada".

Embora eu não tenha certeza se essas leis elevam a moral da cidade, gosto do seu objetivo de melhorar a ordem pública. Paulo tinha um objetivo semelhante quando escreveu algumas orientações sobre a modéstia dentro da igreja.

Nos locais de adoração, Paulo convocou as mulheres a terem pudor em sua aparência. Especificamente, ele disse: "...as mulheres sejam sensatas e usem roupas decentes e simples..." (1 Timóteo 2:9). Senhoras, não creio que isso signifique limitar seus guarda-roupas para a moda sem qualquer expressão. No entanto, também não podemos confiar nos padrões do mundo para determinar o que é digno e apropriado. Folheie uma revista de moda atual e você verá o que eu digo!

Como cristãos, revestimos nossos corpos com "mais honra" (1 Coríntios 12:23). Não podemos nos dar ao luxo de acreditar na mentira de que ser atraente significa atrair a atenção aos nossos corpos. Ao contrário: "Que se enfeitem com boas ações, como devem fazer as mulheres que dizem que são dedicadas a Deus!" (1 Timóteo 2:10).

Espiritualmente falando, a questão da modéstia nos pede uma resposta à pergunta: Será que nos preocupamos mais em chamar a atenção para nós ou para Deus? A resposta parece óbvia, especialmente se estivermos falando de um contexto de igreja. Dar glória a Deus deve ser sempre uma prioridade na vida de um cristão. É possível honrá-lo, com o que vestimos, e com o que deixamos de comprar nos cabides das lojas. —Jennifer Benson Schuldt

leia›

1 Timóteo 2:8-10

...que as mulheres sejam sensatas e usem roupas decentes e simples... (v.9).

examine›

Leia o livro de Provérbios 31:25 para ver como "força e respeito" adéquam-se bem com o caráter de uma mulher nobre.

considere›

Por que é tão importante que as pessoas se vistam modestamente? Como você pode promover a modéstia em seus relacionamentos?

aplicação pessoal›

momentos decisivos

Alinhem-se em ordem alfabética pela altura. *Como?* "Vamos girar esta equipe em 360 graus." *O quê?*

Estas são duas das muitas outras citações estranhas que me deparei recentemente. Salomão disse algumas coisas muito estranhas também. Por exemplo, ele escreveu: "...e o dia da morte é melhor do que o dia do nascimento" (Eclesiastes 7:1). "É melhor ir a uma casa onde há luto do que ir a uma casa onde há festa..." (v.2). "A tristeza é melhor do que o riso..." (v.3). "...quem é sábio pensa também na morte..." (v.4). *Uau! Salomão foi aquele tipo de homem sombrio, negativo, suicida e pessimista com desejos de morte?*

Como chinês, fui ensinado que é totalmente desfavorável falar ou mesmo pensar sobre a morte quando você ainda está vivendo. Mas "todo mundo morre". A morte não é um se, mas um quando. "...E os vivos nunca devem esquecer isso" (v.2). Salomão nos aconselhou a encarar a morte e em seguida viver com o nosso fim em mente.

Toda vez que eu visito uma casa funerária para confortar os enlutados, me lembro mais uma vez como a vida humana é curta. Não importa se o falecido tinha 20 ou 80 anos. A vida expirou. E Salomão incentiva a reflexão sobre a brevidade da vida, em vez de buscar festas ou leviandade "...pois a tristeza faz o rosto ficar abatido, mas torna o coração compreensivo" (Eclesiastes 7:3). É por isso que é melhor "...ir a uma casa onde há luto do que ir a uma casa onde há festa..." (v.2).

É em face da morte que fazemos uma avaliação séria e verdadeira da forma como temos vivido e de que mudanças queremos fazer na maneira que vivemos hoje. Sim, uma pessoa sábia pensa muito sobre a morte (v.4). São os sábios que aprendem com a brevidade da vida — à luz da realidade e inevitabilidade da morte. Elevemos nossos olhos do físico para o espiritual e do temporal para o eterno. —K. T. Sim

leia>
Eclesiastes 7:1-4
...quem é sábio pensa também na morte (v.4).

cxamine>
O que Jesus disse sobre a morte e a vida no livro de João 12:24-26?

considere>
Em que direção vão os seus pensamentos ao pensar ou falar sobre a morte? Como isso define ou redefine a vida para você?

aplicação pessoal>

chato?

O evangelho de Mateus traz a notícia mais importante que o mundo já viu. Por que, então, o seu começo é tão... *chato*? O livro de Gênesis começa com a grandiosidade épica: "No começo Deus criou os céus e a terra." Em contraste, Mateus escreve tão morno: "Esta é a lista dos antepassados de Jesus Cristo..." (1:1).

A lista de Mateus é fascinante por mencionar mulheres gentias, pois *elas* estão numa antiga genealogia judaica (antes reservada apenas para os homens). Elas são uma parte importante da história redentora de Deus.

Tamar (Mateus 1:3) usou subterfúgios para conceber um herdeiro para Judá (Gênesis 38). Judá estava pronto para executá-la pelo crime de prostituição, até perceber que as ações dela eram justas. Ele havia sido o verdadeiro problema. Sem Tamar, a linha ancestral que conduz ao nascimento de Jesus terminaria.

Raabe (Mateus 1:5) era lembrada principalmente por sua profissão (Josué 2). Mas ela reconheceu a obra de Deus e corajosamente escondeu dois espiões israelitas. Raabe se tornou a mãe de Boaz, que se casou...

Rute, de Moabe cujo povo sem Deus existia por causa de incesto de seus ancestrais. Moabe significa, literalmente, "do pai". Você percebe, Ló tinha concebido crianças com suas próprias filhas (Gênesis 19:30-38). Mas Rute, sua descendente, escolheu adorar e seguir o único e verdadeiro Deus. Ela se tornou a bisavó de Davi, que se casou...

Bate-Seba, que é conhecida por ser *aquela* mulher — vítima ou não (2 Samuel 11). Ela também é uma ancestral honrada de Jesus.

A última de todas é obviamente *Maria*, a mais abençoada de todas as mulheres, que achou "graça diante de Deus" (Lucas 1:30 ARA).

Por que Mateus começa com uma lista aparentemente banal? Porque registra a surpreendente história de Deus, a história da redenção.
—Tim Gustafson

leia›

Mateus 1:1-16

...Maria, e ela foi a mãe de Jesus, chamado Messias (v.16).

examine›

Leia a história cativante de Tamar no livro de Gênesis 38. Quais foram as limitações culturais e os obstáculos que você acha que ela enfrentou?

considere›

O que o envergonha mais? O que você vai fazer para buscar o perdão restaurador de Deus?

aplicação pessoal›

criando raízes

Muitos anos atrás, escrevi sobre três meninos de rua: Sandro, Moisés e Carlos. Na época, eu tinha ajudado a levá-los a um lar cristão para crianças desabrigadas. Pensei que os meninos estariam felizes por deixar a sua vida de extremo sofrimento para trás. Mas, depois de apenas um mês em seu novo ambiente, Sandro me ligou para dizer que Carlos, de 11 anos, havia fugido.

Para me ajudar a entender por que Carlos preferiu as ruas, Sandro explicou que dois anos antes o menino, órfão, havia sido coagido por uma rede de prostituição infantil, em que poderia ganhar o equivalente a R$ 0,50 cada vez que permitisse que alguém o abusasse sexualmente. Recusando-se a desistir de Carlos, solicitei a ajuda da polícia local e de uma organização que ajuda a resgatar crianças da exploração sexual comercial. Infelizmente, nossos esforços foram em vão, pois Carlos preferiu continuar no seu familiar, mas traiçoeiro caminho.

Mesmo sendo apenas uma criança, Carlos exemplifica o livro de 1 Timóteo 6:10, que diz: "Pois o amor ao dinheiro é uma fonte de todos os tipos de males. E algumas pessoas, por quererem tanto ter dinheiro, se desviaram da fé e encheram a sua vida de sofrimentos."

Apesar de ter sido homens maus que atraíram o vulnerável Carlos no negócio, foi Carlos que deixou o equivalente a R$ 0,50 tentá-lo a desviar-se da fé e da segurança. Ele optou por voltar a um lugar que acabará por trazer-lhe muita tristeza.

Muitas vezes, tirar uma criança de situação de extremo risco é a parte mais simples — o maior desafio é ajudá-la a se curar e seguir em frente.

Ore hoje por crianças ao redor do mundo que estão lutando para superar uma dificuldade do passado. Talvez eles sejam como sementes que caem em solo fértil — crescendo em Deus (Lucas 8:8,15).

—Roxanne Robbins

leia>

Lucas 8:5-15

Outra parte caiu no meio de espinhos, que cresceram junto com as plantas e as sufocaram (v.7).

examine>

Ore sobre o que está no livro de Efésios 3:17; pelas crianças vindas de ambientes abusivos: "...Cristo viva no coração de vocês. E oro para que vocês tenham raízes e alicerces no amor".

considere>

Como você pode ajudar crianças em situação de risco esta semana? Por que é importante que evitemos o amor ao dinheiro?

aplicação pessoal>

sem condenação

Como pescador, acho as histórias de Jesus sobre pescaria atraentes. Numa ocasião, no mar da Galileia, Jesus apareceu aos discípulos pela terceira vez após a ressurreição (João 21:1-23). Semelhante a quando conheceram o Mestre (Lucas 5:1-11), eles não haviam pescado nada depois de uma noite frustrante. Então, Jesus apareceu e lhes disse para lançarem as redes do outro lado do barco, e a "carga" foi grande (João 21:6).

Que grande história. Os homens foram simplesmente pescar, talvez para esfriar a cabeça depois dos acontecimentos recentes. O dia tinha sido difícil. O homem a quem tinham desistido de tudo para seguir — fora preso, torturado e executado. Então, antes que eles percebessem, Ele estava vivo. E agora?

Amo o jeito que Jesus os encontra onde eles estão, *sem condenação*. Jesus não os questionou sobre eles estarem desperdiçando tempo pescando, embora houvesse passado três anos treinando-os para "pescar" as pessoas (Lucas 5:10). Em vez disso, Ele perguntou o que os observadores mais curiosos perguntam aos pescadores: "...pescaram alguma coisa?" (João 21:5). Ele, então, imediatamente ofereceu uma dica que os levou à sua melhor pesca. Jesus até cozinhou um peixe e pão para o almoço (v.9).

Jesus tinha algumas questões importantes e desafiadoras para discutir com seus seguidores naquela manhã. Ele precisava falar especialmente com Pedro, pois ele havia negado conhecê-lo por três vezes na noite anterior a crucificação. Jesus reafirmou sua amizade. Apesar de tudo o que havia acontecido, Jesus queria que soubessem que Ele os amava e se preocupava com eles.

Amizades não condenatórias: essa é a marca mais duradoura de Jesus. É como Ele se relaciona com qualquer um de nós que sai do curso. E, sempre que possível, é como Ele nos chama para nos relacionarmos com os outros. —Jeff Olson

leia›

João 21:1-23

Então Jesus veio, pegou o pão e deu a eles. E fez a mesma coisa com os peixes (v.13).

examine›

Observe como Paulo enfatiza que é a bondade de Deus (não a condenação) que coloca as pessoas na direção certa (Romanos 2:1-4).

considere›

Você se dispõe a ter amizades não convencionais? Como o exemplo de Jesus o desafia a ser mais gentil e menos censurador?

aplicação pessoal›

autocorreção?

Ben Zimmer, linguista, lexicógrafo e colunista de renomado jornal, escreveu uma reportagem sobre como a função de autocorreção de nossos *smartphones* pode ser equivocada. Ele contou sobre uma garota que tinha recebido uma mensagem de seu pai que dizia: "Divórcio, sua mãe e eu vamos no próximo mês". Logo em seguida, após essa notícia trágica, o pai rapidamente mandou outra mensagem: Escrevi 'Disney', mas este telefone mudou a palavra para *divórcio*. Estamos indo para a Disney mesmo." Eu ri e pensei como *isto muitas vezes acontece conosco quando tentamos autocorrigir nossa própria vida. Falhamos e obtemos resultados cômicos e às vezes trágicos.*

Isso é o que aconteceu com a igreja de Laodiceia. Eles eram ricos, e isso os levou à "autocorreção", autossuficiência e complacência (Apocalipse 3:17). Eram tão ricos que, quando um terremoto devastador abalou sua cidade, eles a reconstruíram sem qualquer ajuda de Roma. Porque esta igreja não sentia necessidade da ajuda dos romanos, ela não percebia que precisava da ajuda de Deus. Jesus avaliou esta igreja e disse que ainda que tivessem os melhores serviços bancários, comércio industrial, eles eram pobres; e ainda que fossem famosos pela sua lã brilhante, andavam nus; e apesar de conhecidos por seus colírios e centros médicos, eram cegos. Ao tentarem se autocorrigir, Laodiceia acabou se complicando — sucumbindo ao próprio orgulho, materialismo, riqueza e autossatisfação. Infelizmente nem eles percebiam isso.

Em vez de tentar autocorrigir a nossa vida, devemos permitir que *Jesus* o faça (v.20). Ele nos convida a nos arrependermos, a ter comunhão com Ele e a encontrar a nossa suficiência nele. E nos convida também a esquecer do nosso materialismo, nos revestirmos de Sua justiça e a recebermos Sua cura espiritual. —Marvin Williams

leia>

Apocalipse 3:14-22

Vocês dizem: 'Somos ricos, estamos bem de vida e temos tudo o que precisamos' (v.17).

examine>

Leia o livro de Lucas 18:9-14 e identifique as semelhanças e diferenças entre os dois homens na história e os de Laodiceia.

considere>

Você procura se autocorrigir? Quais são as áreas em sua vida em que você precisa submeter-se a correção de Jesus?

aplicação pessoal>

lidere

Ao passar boa parte da minha infância no norte frio dos EUA, sempre pensei em palmeiras como algo exótico. Então, quando nós viajávamos ao Sul para visitar a família de tempos em tempos, eu me sentia como se estivesse em algum lugar perto do Havaí, embora soubesse que águas profundas e muitos quilômetros separavam os dois estados. Agora que vivo no estado da Geórgia (ao Sul) a imagem de uma palmeira perdeu um pouco de seu encanto.

Mais do que um marcador geográfico, a palmeira de Débora era símbolo de esperança (Juízes 4:5). Depois de terem caído em pecado novamente, o povo era assediado por Jabim, rei cananeu vizinho. Em Sua fidelidade e compaixão, Deus respondeu ao clamor dos israelitas levantando a profetisa Débora, que se tornou uma defensora do povo. A história dela revela características importantes para uma liderança bem-sucedida:

Confiança. A disposição das pessoas para chegar a ela pela justiça mostra seu caráter. Não só Deus confiou nela o bem-estar do povo, mas o povo viu nela algo que os fazia dispostos a segui-la.

Fé. Débora sabia que a glória decorrente do sucesso no campo de batalha não era dela. Como líder, ela sabia que seu povo precisava confiar em Deus. Assim como eles não precisavam de carros de ferro para igualar-se à força de Jabim (Deuteronômio 20:1; Salmo 20:7; 68:17), ela não era o elemento-chave para garantir a vitória de Baraque (Juízes 4:8,9).

Foco. Inabalável em sua tarefa, Débora permaneceu focada no chamado que Deus colocara em sua vida. Nem as opiniões dos homens, nem as circunstâncias à sua frente mudaram a sua postura.

De que maneira os líderes que temos demonstram isso? Como nós os revelamos às pessoas que lideramos? —Regina Franklin

leia›

Juízes 4:1-14,22,23

...pois o SENHOR os guiará. O Deus de Israel os protegerá por todos os lados (Isaías 52:12).

examine›

Leia o livro de Mateus 5:14-16 para ver por que ser um líder é inerente a ser um seguidor de Jesus.

considere›

As pessoas acham você confiável? Sim ou não? As Escrituras falam do valor da sabedoria encontrada em muitos conselheiros (Provérbios 11:14; 24:6).

aplicação pessoal›

do outro lado

Uma das vantagens de viajar pelo mundo é sair da sua zona de conforto, conhecer coisas e pessoas que você nunca esperaria encontrar. Fiz uma viagem pela Amazônia venezuelana e descobri que piranhas são reais e que cozido de macaco não é uma lenda.

Moisés estava vivendo em Midiã, muito longe de sua casa no Egito. Ele tinha matado um egípcio que batia num escravo hebreu. Temendo por sua vida, Moisés fugiu. E fugiu muito. Agora, 40 anos depois, Moisés era um homem diferente, e vivia num lugar que ainda não era a sua casa. No livro de Êxodo 3, lemos que Moisés levou seu rebanho para "...o outro lado do deserto..." (v.1). Esta foi uma metáfora apropriada para Moisés. Sua vida foi muito diferente do que ele havia imaginado. Durante 40 anos, ele estava fugindo. Moisés tinha esquecido quem ele era.

Mas Deus não tinha esquecido. Moisés percebeu uma sarça em chamas, mas que não era consumida pelo fogo. "Que coisa esquisita!" Moisés disse: "Vou chegar mais perto para ver" (v.3). *O que você faria se estivesse sozinho no deserto e se deparasse com tal visão?* Quando Moisés aproximou-se da sarça ardente, Deus, das chamas o advertiu: "—Pare ai e tire as sandálias, pois o lugar onde você está é um lugar sagrado" (v.5).

Moisés não estava à procura de Deus e não esperava encontrá-lo. Na verdade, a Bíblia revela que, quando Deus falou, Moisés não gostou do que Ele tinha a dizer. Moisés tinha desaparecido... por 40 anos.

Nenhuma distância ou espaço de tempo é grande demais para Deus. Quando Deus tem a intenção de encontrá-lo, Ele irá encontrá-lo. A pergunta para nós é a seguinte: O que faremos quando formos encontrados? —Winn Collier

leia>

Êxodo 3:1-6

Ali o Anjo do SENHOR apareceu a ele numa chama... (v.2).

examine>

Considere o livro em que lemos esta história: Êxodo. Como o contexto de Israel (longe de casa, preso no Egito) é paralela à viagem de Moisés?

considere>

De que maneira você se sente num deserto agora? Qual seria a sua reação se Deus falasse com você neste lugar?

aplicação pessoal>

olhe para cima

Coloque uma venda nos olhos de um amigo e diga para ele andar em linha reta. Ninguém consegue fazer isso por muito tempo. Um cientista explica: "Os seres humanos, aparentemente, andam em círculos quando não podem ver um ponto focal externo, como uma montanha, o sol ou a lua. Sem essa correção, o nosso corpo assume que há algo em nós que não vai ficar em linha reta."

O que é verdade *para o nosso corpo* também se transforma em verdade *para a nossa alma*. As Escrituras, muitas vezes, referem-se à importância de caminhos retos; trilhas que são feitas pelo uso constante até formarem sulcos profundos em nosso coração.

Caminhos retos são mais curtos do que aqueles repletos de curvas, por isso "...o sábio faz o que é certo" (Provérbios 15:21). Esses caminhos também tendem a ser mais seguros do que perambular entre os arbustos, pois só os tolos "...abandonaram uma vida direita para viver na escuridão do pecado" (2:13). As viagens ficam mais fáceis quando você anda pelo caminho "...da sabedoria [...] nada atrapalhará o seu caminho, e você não tropeçará quando correr" (4:11,12).

O caminho reto é o lugar certo para estar. Mas, como qualquer pessoa de olhos vendados pode lhe dizer, é impossível se achar. "Há caminhos que parecem certos, mas podem acabar levando para a morte", escreveu Salomão (14:12). Precisamos de "um ponto focal externo" e não de alguma montanha ou estrela para nos guiar. Nós precisamos de *Deus*. "Ó SENHOR, ensina-me os teus caminhos! Faze com que eu os conheça bem. Ensina-me a viver de acordo com a tua verdade, pois tu és o meu Deus, o meu Salvador. Eu sempre confio em ti" (Salmo 25:4,5).

Vamos olhar para cima e pedir a Deus que abra os nossos olhos hoje para o caminho reto. —Mike Wittmer

leia›

Salmo 25:1-10

Ó SENHOR, ensina-me os teus caminhos! Faze com que eu os conheça bem (v.4).

examine›

Leia o livro de Provérbios 4:20-27 e descubra mais maneiras de manter-se nos caminhos do Senhor. Quais mudanças você precisa fazer para seguir o caminho "reto" de Deus?

considere›

Por que é significativo que os discípulos de Jesus tenham sido chamados de seguidores "do Caminho"? (Atos 9:2).

aplicação pessoal›

um pouco fora?

"Não sou mais *perfeita...*", resmunguei. Essa percepção me atingiu quando substituímos nossa TV por uma de 42 polegadas. A cor era boa, o som perfeito, mas e as legendas, que estavam tão embaçadas? Tinha perdido a minha visão perfeita! O médico me informou que minha visão do olho esquerdo estava fora de foco em alguns graus.

Quando algo está errado um pouquinho só, normalmente deixamos passar. É mais conveniente simplesmente esquecermos em vez de lidar com o problema. Esta atitude, no entanto, pode ser fatal quando trata-se da maneira como lidamos com o pecado. Saul é um exemplo perfeito.

Se formos verdadeiramente honestos, vamos admitir que as ações de Saul não pareciam tão ruins assim (1 Samuel 10:8; 13:9). Olhando a situação de fora, parecia que Samuel estava atrasado e que a sobrevivência de Saul e da nação era duvidosa, a menos que alguém agisse rapidamente (v.8). Saul certamente parecia ser o homem certo para isso.

Por que era tão errado que ele sacrificasse o holocausto? (vv.10,11). Saul tinha assumido um papel que não era dele. Ele ofereceu o sacrifício em desobediência direta a Deus (v.13). Em vez de esperar o tempo do Senhor, ele, na verdade, infringiu a função de um sacerdote (Levítico 6:8-13).

Esta situação revela uma falha na perspectiva de Saul. Sua visão não estava totalmente focada em obedecer a Deus. Ele fez algo sobre isso? Não. No livro de 1 Samuel 15, lemos sobre outra batalha e outra desobediência. Mais uma vez, ele usou a piedade divina como cobertura (v.20). Mas Samuel, porta-voz de Deus, disse: "...Você rejeitou as ordens de Deus, o SENHOR, e por isso ele também o rejeitou como rei de Israel" (v.26).

Não é possível ser um pouco imperfeito em seguir os mandamentos de Deus. Busquemos a Sua santidade hoje. —Poh Fang Chia

leia>

1 Samuel 13

Mas agora você não continuará a governar. Você desobedeceu ao SENHOR, e por isso ele vai encontrar um homem do tipo que ele quer e o fará chefe deste povo (v.14).

examine>

Leia o livro de Salmo 119:9-16 e veja como desenvolver uma visão perfeita para agradar a Deus.

considere>

Que áreas da sua vida precisam ser alinhadas ao padrão perfeito de Deus? De que maneira você pode manter uma clara visão dele?

aplicação pessoal>

sem medo

Imagine a possibilidade de andar pela vida sem medo! Uma certa mulher conhece qual é a sensação de ser livre do medo. Pesquisadores a expuseram a cobras e aranhas, levaram-na por uma casa mal-assombrada, e mostraram filmes assustadores. *Sem medo.* Ameaças de morte como ser assaltada à mão armada a deixaram (felizmente) sem medo algum. Por quê? Esta mulher tem uma condição genética que afeta a parte do cérebro relacionada com a reação de medo. Ela literalmente não consegue ter medo.

Davi, assim como nós de vez em quando, já foi muito medroso. Ele tinha fugido do rei Saul, que queria matá-lo, e acabou abrigado nas terras do rei de Gate, a cidade natal de Golias, morto por Davi (1 Samuel 17:48-50). Pense em algo como sair *da frigideira para o fogo!* Davi estava tão petrificado (21:12) pelo rei Aquis que decidiu fingir estar louco (v.13). Seu desempenho (incluindo o "espumar pela boca") devia ganhar um Oscar, pois o rei acreditou que ele estava realmente louco e permitiu que ele fugisse em vez de lutar (v.15).

Por volta desta época de grande temor em que fingia ser louco, Davi escreveu o Salmo 34. Descobrimos que ele lidou com o seu medo orando a Deus (v.4). Davi confiava na proteção do Senhor (vv.6,7). Ele descansou em Sua bondade e cuidado (v.8), e relatou: Deus "...me livrou de todos os meus medos" (v.4). Exceto *um*...

Veja que Davi tinha medos, pois ele *temia a Deus* (vv.7,9,11). Em outras palavras, o temor reverente a Deus fez desaparecer o medo que ele tinha do homem. Que grande exemplo para seguirmos quando começarmos a temer as coisas deste mundo. Vamos escolher buscar a Deus em oração e temer reverentemente somente a Ele! —Tom Felton

leia>

Salmo 34:1-11

Eu pedi a ajuda do SENHOR, e ele me respondeu; ele me livrou de todos os meus medos (v.4).

examine>

O que o livro de Deuteronômio 31:6 revela sobre não precisarmos ter medo de outras pessoas? Observe no livro de Salmo 56:3,4 o que Davi decidiu fazer quando o medo apareceu.

considere>

Do que você tem tido medo ultimamente? À luz do exemplo de Davi, o que você fará para se ver livre dele?

aplicação pessoal>

corra por sua vida

Talvez nunca correrei uma maratona. Sei porque participei de uma corrida de 5 quilômetros anos atrás, e quase desmaiei. Enquanto os competidores à minha frente pareciam nem perceber a aproximação da linha de chegada, eu me aproximei dela bufando e com os pulmões ardendo!

Quando Paulo nos ordena a fugir da imoralidade (1 Coríntios 6:18), ele nos convoca a empregar o esforço, como eu fiz na minha pequena corrida. Ele quer que corramos mesmo, porque o tempo em que ficarmos parados poderá nos fazer pensar se o que sabemos é errado. Podemos pensar:

• *Isso não prejudica ninguém.* Outras pessoas roubam e mentem, então podemos racionalizar que dormir com alguém é inofensivo se fizermos comparações. Mas, a Bíblia diz: "Fujam da imoralidade sexual! Qualquer outro pecado que alguém comete não afeta o corpo, mas a pessoa que comete imoralidade sexual peca contra o seu próprio corpo" (v.18). Não se engane: a atividade imoral o fere.

• *O corpo é meu e faço o que quiser com ele.* Muitas pessoas vão lhe dizer, dando de ombros: "É o seu corpo, durma com alguém e divirta-se." Mas, Deus diz que os nossos corpos foram feitos "...para servir o Senhor..." e Ele se preocupa conosco (v.13). Uma vez que Deus é nosso dono, dos pés à cabeça, não somos livres para usar os nossos corpos como quisermos.

• *Tudo bem fazer isso se você está apaixonado.* A Bíblia diz claramente que a imoralidade é pecado (Efésios 5:3). Nossas emoções e hormônios não têm o poder de mudar os padrões de Deus para a pureza. É uma coisa muito boa, porque muitos de nós confundem "amor mútuo" com o que realmente é apenas um simples *desejo*.

Se esses pensamentos soam familiares, compare-os com a verdade da Palavra de Deus. Lembre-se: "...usem o seu corpo para a glória dele" (1 Coríntios 6:20), e corram para longe da tentação. Corra por sua vida! —Jennifer Benson Schuldt

leia›

1 Coríntios 6:12-20

Fujam da imoralidade sexual!... (v.18).

examine›

No livro de Gênesis 39:10,12, há um exemplo de fuga da pressão sexual. Leia o livro de Mateus 5:29,30 para entender como Deus leva a sério a questão da imoralidade.

considere›

Por que os cristãos adotam os padrões morais do mundo e não os divinos? O que acontece em nosso relacionamento com Deus quando a imoralidade nos influencia?

aplicação pessoal›

riscos

Meus pais me telefonaram anos atrás com novidades horríveis. Minha prima e seu marido tinham sido assassinados e os corpos deles tinham sido esquartejados na casa em que moravam. As mortes foram particularmente horríveis porque foram assassinados por seu filho adotivo. O filho, obviamente, sofria de traumas psicológicos profundos, mas ainda é incompreensível como uma criança que era amada profundamente poderia matar os que lhe eram próximos e a amavam. Seus sacrifícios foram recompensados com a morte.

Este fim trágico me lembra da história de Jesus sobre o Bom Samaritano e do risco que Ele correu para ajudar um homem ferido. A estrada que ia das montanhas de Jerusalém para o vale de Jericó era de 27 quilômetros de ventos e poeira. Não havia outro caminho, e entendo porque o sacerdote e o levita passaram pelo outro lado da vítima (Lucas 10:30-32). O corpo espancado ao lado da estrada dizia que os ladrões estavam por perto, e parecia uma ideia brilhante sair de lá.

O samaritano, não se importando com sua própria segurança, ajoelhou-se ao lado da vítima (v.34). E se os "bandidos" estivessem escondidos atrás de pedras, esperando para agredir e roubá-lo? Os ladrões judeus poderiam respeitar um sacerdote ou levita, mas não teriam nenhum problema em matar um samaritano desprezado. O samaritano decidiu arriscar sua vida por amor e compaixão (vv.33,34).

Devemos ter cuidado na maneira como aplicamos esta parábola (por exemplo, uma mulher solteira deve pensar duas vezes antes de parar para ajudar um homem assim). E, no entanto, como o sacerdote e o levita, parece que podemos sempre encontrar boas razões para não ajudar. Amar é supostamente perigoso, pois, quando nos abrimos aos outros, inevitavelmente nos tornamos vulneráveis a sermos feridos. Às vezes termina mal, mas o risco sempre vale a pena. —Mike Wittmer

leia>

Lucas 10:25-37

Então chegou perto dele, limpou os seus ferimentos com azeite e vinho e em seguida os enfaixou [...] e o levou para uma pensão, onde cuidou dele (v.34).

examine>

Leia o livro de 2 Coríntios 7:2-16; 11:1-15; 12:11-21 para ver o que Paulo arriscou para amar os cristãos de Corinto.

considere>

Alguém assumiu o risco de amar e cuidar de você? Que risco você precisa correr para amar um amigo ou outra pessoa que está sofrendo?

aplicação pessoal>

o que é um cristão?

No ícone "religião" no perfil do *Facebook*, minha esposa escreveu: "seguidora de Jesus." Ela usa esse termo para evitar conotações políticas e culturais associadas à palavra *cristã*. Em algumas culturas, as pessoas são consideradas cristãs "por nascimento". Mas isso é um mal-entendido sobre o que realmente significa seguir Jesus. Ironicamente, meu amigo no Reino Unido, pediu-me para não usar o termo "seguidor de Jesus" para descrever os cristãos. Parece que, em sua cultura, o problema se inverte.

Ele disse que, "a expressão 'seguidor de Jesus' gera confusão entre os que são salvos por Cristo e os que tem fé diferente". Ele observou que alguns consideram Jesus como um grande homem, porém menos do que Ele afirmava ser. Menos do que o Único, o Messias nascido de uma virgem. Menos do que o puro Cordeiro de Deus crucificado por nossos pecados. Menos do que o Jesus ressurreto.

O que é ser cristão? Paulo o definiu solidamente no livro de Romanos 8. *O cristão é aquele que foi liberto da escravidão do pecado e de sua sentença de morte.* "Agora já não existe nenhuma condenação para as pessoas que estão unidas com Cristo Jesus," escreveu Paulo. "Pois a lei do Espírito de Deus, que nos trouxe vida [...] livrou você da lei do pecado e da morte" (vv.1,2). *O verdadeiro cristianismo também deve ter provas que o corroborem.*" Vocês, porém, não vivem como manda a natureza humana, mas como o Espírito de Deus quer, se é que o Espírito de Deus vive realmente em vocês...", acrescentou. "...Quem não tem o Espírito de Cristo não pertence a ele" (v.9).

"Pois aqueles que são guiados pelo Espírito de Deus são filhos de Deus", concluiu Paulo (v.14). "O Espírito de Deus se une com o nosso espírito para afirmar que somos filhos de Deus" (v.16). Isso não é algo político ou cultural. É relacional! —Tim Gustafson

leia>

Romanos 8:1-17

Pois aqueles que são guiados pelo Espírito de Deus são filhos de Deus (v.14).

examine>

Os cristãos são libertos do pecado, mas qual o ensino do livro de Romanos 7:14-25 sobre a nossa luta contínua?

considere>

O que significa para você ser cristão? Como seus amigos e conhecidos não salvos responderiam a essa pergunta?

aplicação pessoal>

a escolha é sua

Um amigo missionário que viveu em Uganda por quase 20 anos me disse que sua esposa não gosta da viagem anual de sua família para os Estados Unidos. O motivo? "Há muitas opções lá!", diz ela.

É verdade que, com menos produtos de consumo ao nosso dispor — viver em Uganda pode parecer menos complicado do que no mundo Ocidental. Descobri, porém, que eu ainda faço tantas escolhas aqui como nos EUA, mas elas são diferentes.

Em Uganda, onde a extrema pobreza está sempre presente, constantemente escolho como devo reagir às crianças de rua que batem na janela do meu carro. Devo dar comida aos vizinhos com fome no meu portão? O que devo fazer pelas crianças que conheço das proximidades e que estão sofrendo desumanamente em hospitais pobremente equipados?

Após três anos vivendo neste país ainda me questiono: *Onde uma pessoa começa a ajudar os ugandenses?*

Bucando respostas nas Escrituras, vejo que Deus nos dá a mesma orientação, se vivemos em um país rico ou pobre. Em última análise, independentemente do nosso ambiente, como Josué, devemos primeiro escolher a cada dia "a quem servir". O Senhor, ou outros deuses? (Josué 24:14-16).

Para aqueles que escolhem servir e temer ao Senhor "...aprenderão com ele o caminho que devem seguir" (Salmo 25:12). Ao seguirmos somos capacitados pelo Seu Espírito Santo, Deus nos orientará em questões de serviço e até mesmo em compras que precisamos fazer.

É verdade, nos tornamos escravos do que ou de quem escolhemos obedecer. "...Assim sendo, vocês podem obedecer ao pecado, que produz a morte, ou podem obedecer a Deus e ser aceitos por ele" (Romanos 6:16). Vamos escolher seguir a Deus hoje e alcançar os outros pelo Seu poder. —Roxanne Robbins

leia>

Eclesiastes 10:1-3

Para quem é sábio, é muito natural fazer o que é certo, mas para o tolo o natural é fazer o que é errado (v.2).

examine>

Leia o livro de Provérbios 22:1. Dedique uns minutos para ponderar se você está buscando coisas materiais mais do que uma vida que honre a Deus.

considere>

Quem ou o que influencia suas escolhas diárias? Qual escolha você precisa levar a Deus hoje?

aplicação pessoal>

vila do martírio

Uma pessoa recentemente lamentou-se: "Não entendo. Por que todos os meus relacionamentos acabam? Quero conviver melhor com a minha família e ter amizades mais íntimas, mas me encontro, seguidamente, em circunstâncias quase impossíveis."

Esta pessoa parecia tão indefesa. Meu desejo de consolá-la era forte, mas não era o que ela precisava naquele momento. Ela não percebia, até eu mencionar, que estava *bancando o mártir.* Ela não percebia que agia como vítima. Para seu próprio bem, precisava de uma dose de verdades ditas em amor (Efésios 4:15).

Todos nós já passamos por isso. Vemo-nos como se fôssemos os únicos feridos sofrendo com um relacionamento (ou pelo menos a nossa dor é o que mais importa). A verdade é que aumentamos o problema mais do que admitimos. É uma atitude que apenas gera mais sentimentos de desamparo e que precisa ser desafiada e abandonada.

Se acampamos na "Vila do Martírio" não estamos tão presos quanto pensamos. Há outra atitude para se adotar que pode bater de frente com os nossos sentimentos de abandono. Jesus nos ensinou a nos preocuparmos em primeiro lugar com o "nosso próprio" problema antes de nos preocuparmos com o problema do nosso amigo. Ele disse: "...Tire primeiro a trave que está no seu olho e então poderá ver bem para tirar o cisco que está no olho do seu irmão" (Mateus 7:5).

É uma questão de perspectiva que pode não mudar imediatamente as nossas circunstâncias, mas pode nos libertar de uma forma impotente de pensar. Pode fornecer também as bases para que possamos avançar em nossos relacionamentos.

Você se sente indefeso? Não se faça de mártir. Considere suas próprias palavras e ações enquanto, em oração, você procura por relacionamentos mais saudáveis. —Jeff Olson

leia>

Mateus 7:1-5

Por que é que você vê o cisco que está no olho do seu irmão e não repara na trave de madeira que está no seu próprio olho? (v.3).

examine>

Considere o que é exigido daqueles que dizem amar a Deus (1 João 4:19-21).

considere>

Você se faz de mártir num relacionamento? É importante reconhecer que a sua dor não é a mais importante no universo?

aplicação pessoal>

nação do ensino

A pesquisa de um jornal de Singapura afirma que 97 dos 100 alunos entrevistados têm professores particulares ou formação complementar em centros acadêmicos. A prática é tão comum que Singapura é chamada "a nação do ensino".

Questiono-me se a formação acadêmica *não é igual, ou maior que a atenção dada para instruir os nossos filhos a se tornarem pessoas de elevado caráter moral, e imbuídas de propósito claro e missão na vida?*

No livro de Deuteronômio 11, Deus está interessado na educação dos nossos filhos (vv.18,19). Ele quer que lhes ensinemos a Sua Palavra, caminhos e valores. No livro de Salmo 78:7,8 nos é dito o propósito desta instrução: "Assim eles também porão a sua confiança em Deus; não esquecerão o que ele fez e obedecerão sempre aos seus mandamentos. Eles não serão como os seus antepassados [...] que nunca foi firme na sua confiança em Deus...".

E Deus é o melhor professor com o melhor plano de aula para seguirmos. Primeiro, ensinamos pelo exemplo. Os pais devem guardar em "...seu coração..." as palavras de Deus (Deuteronômio 11:18). Ele afirma: "...não deixem de ensiná-las aos seus filhos. Repitam essas leis em casa e fora de casa..." Sim, a Palavra de Deus deve moldar pessoalmente o nosso coração, mente e vontade. Em seguida, o lugar da educação não é na sala de aula, mas nas situações da vida (vv.19,20). Por isso é bom perguntarmos: *Será que estamos aproveitando as oportunidades para transformar as experiências de vida em momentos de ensino? Estamos liberando o tempo de qualidade que é necessário?*

Se você é responsável por algumas crianças preciosas, leve a educação delas a sério. Devemos instruí-las para que façam o que é direito, que amem uns aos outros com dedicação e que vivam "...em humilde obediência ao nosso Deus" (Miqueias 6:8). —Poh Fang Chia

leia>

Deuteronômio 11:18-25

Lembrem desses mandamentos e os guardem no seu coração. Amarrem essas leis nos braços e na testa, para que não as esqueçam e não deixem de ensiná-las aos seus filhos... (vv.18,19).

examine>

Leia o livro de Provérbios 4 para ver as sábias instruções de um pai para o seu filho.

considere>

Você investe na formação moral das crianças de sua família? Quais outras crianças você pode instruir na sabedoria da Palavra de Deus?

aplicação pessoal>

esquecer o diabo?

Martyn Lloyd-Jones disse certa vez: "Estou certo de que uma das principais causas do mau estado da igreja hoje é o fato de que o diabo está sendo esquecido. Nós psicologizamos as nossas atitudes e pensamentos. Somos ignorantes deste grande fato da existência do diabo, o adversário, o acusador."

Não devemos ser excessivamente interessados em Satanás, mas precisamos estar conscientes da maneira como ele age sendo um inimigo de Deus. A Bíblia revela quem ele é e o que ele faz. Quem é Satanás?

• *O obstáculo.* Um das tarefas de Satanás é impedir os incrédulos de crer em Jesus. Ele faz isso cegando seus olhos para que não entendam tudo o que Deus fez por eles em Jesus (2 Coríntios 4:4).

• *O instigador.* Atrás de cada coração assassino e língua mentirosa está a má influência do inimigo. Pois ele é um assassino desde o início e em tudo ele não tem a verdade (João 8:44).

• *O destruidor.* Ele procura arruinar completamente a vida e a influência dos seguidores de Jesus (1 Pedro 5:8,9).

• *O acusador.* Quando os cristãos pecam, ele os faz sentirem-se culpados, acusando-os diante de Deus (Apocalipse 12:10).

• *O enganador.* Ele provoca para que as pessoas sejam enganadas a respeito de Deus e caminhem pela vida sem rumo (v.9).

Podemos resistir e derrotar as tenebrosas forças de Satanás... estando firmes naquele que esmagou sua a cabeça no Calvário; estando cientes de suas estratégias (Efésios 6:10,11; 1 Pedro 5:8), usando a Palavra de Deus (Mateus 4:1-11), colocando toda a armadura de Deus (Efésios 6:10-17), chegando perto de Deus (Tiago 4:7) e orando no poder do Espírito Santo (Efésios 6:18). —Marvin Williams

leia>

1 Pedro 5:8,9

Vistam-se com toda a armadura que Deus dá a vocês, para ficarem firmes contra as armadilhas do Diabo (Efésios 6:11).

examine>

Leia o livro de Gênesis 3:1-6; Mateus 4:1-11; Atos 5:1-11 e identifique em cada passagem uma ou mais das cinco descrições de Satanás.

considere>

Satanás tentou influenciá-lo ultimamente? Quais áreas de sua vida espiritual você precisa reforçar para que você possa ser mais forte contra ele?

aplicação pessoal>

Seus padrões, não nossos

Quando eu era criança, um dos meus jogos de tabuleiro favorito era chamado *Agravamento*. Eu até mesmo criava adversários (todos jogados por mim, é claro) se os outros não estavam disponíveis para jogarem comigo. Jogá-lo na casa dos meus tios era especial. Quando voltava para casa, no entanto, meus pais tinham que me esclarecer sobre as regras oficiais, enquanto meus tios jogavam pelas "regras da casa" deles.

O livro de Judas 3 nos lembra que os esforços para desfazer os absolutos das Escrituras ocorreram ao longo da história. Quando Satanás tentou o homem a desobedecer a Deus, o maligno mudou a verdade para atender seus próprios propósitos (Gênesis 2:16,17; 3:1). Mesmo Jesus não estava isento de ataques perversos do diabo contra a verdade (Mateus 4:6). Portanto, não devemos nos surpreender se também formos chamados a "defender a fé" (Judas 3).

Colocamo-nos em perigo quando acreditamos que somos muito sábios para cairmos nas mentiras de Satanás (2 Coríntios 11:3). A decepção não vem com luzes e sirenes ofuscantes. Ela se infiltra sorrateira e camufladamente. Surge quando nos preocupamos com as opiniões do homem mais do que com as de Deus.

Para alguns, a porta para a decepção se abre quando eles racionalizam sobre o que as Escrituras dizem com clareza. A onda da opinião pública — e sua necessidade de aceitação — os levam ao comprometimento. Para outros, a decepção tem um convite permanente quando —obstinadamente — escolhem entronizar sua opinião acima do que é divino. Quaisquer que sejam as nossas justificativas para permitir que a verdade seja modificada, a graça e a verdade são inseparáveis.

Deus estabelece os padrões, não nós. Qualquer coisa menor não é uma boa notícia, e garante nos levar a um jogo perdido de agravamento espiritual. —Regina Franklin

leia›

Gálatas 1:1-12

Estou muito admirado com vocês, pois estão [...] aceitando outro evangelho. [...] porque há algumas pessoas que estão perturbando vocês, querendo mudar o evangelho de Cristo (vv.6,7).

examine›

Leia o livro de 2 Timóteo 4:1-4 para ver por que devemos estar dispostos a permitir que os outros deem satisfação, mesmo quando dizem coisas que necessariamente não queremos ouvir.

considere›

Você sentiu-se propenso a distorcer a Palavra de Deus? Por que Deus é tão firme quando se trata da verdade do Seu evangelho?

aplicação pessoal›

salve-o primeiro

Há alguns anos, as enchentes castigaram a Austrália. Muitas pessoas perderam a vida. Uma delas era um menino de 13 anos chamado Jordan Rice. Jordan, sua mãe e seu irmão Breno, de 10 anos, ficaram presos num carro quando a água subiu. O pai de Jordan contou que "as pessoas ao redor ficaram paradas, até que um homem idoso e magro enrolou-se numa corda e pulou na água".

Ele alcançou o carro e agarrou Jordan, mas ele, que não sabia nadar, insistiu: "salve meu irmão primeiro". O homem tirou Breno, mas o carro virou antes que ele pudesse retornar. Jordan e sua mãe se afogaram.

Somos profundamente comovidos por atos altruístas como uma pessoa doando-se para o bem do outro. Essa abnegação é precisamente o que Jesus fez, a fim de resgatar a humanidade dos estragos do pecado e das garras da morte.

O problema humano mais profundo não é a incapacidade de conviver uns com os outros ou a nossa propensão para destruir tudo o que tocamos (nossa sociedade, nosso ambiente e tudo o mais). Nosso maior dilema é que *fugimos de Deus*. Por causa do amor, no entanto, Deus veio até nós. Ele veio para nos trazer reconciliação "...por meio de Cristo..." (2 Coríntios 5:18). Deus veio até nós em Jesus e começou uma longa tarefa de reconciliar o mundo consigo mesmo (v.19).

Mas esta reconciliação custou tudo a Jesus. Ele entregou a si mesmo, abandonou Seu próprio bem-estar, e entrou na luta de nossa pecaminosidade. Em Jesus, Deus assumiu as nossas cadeias para que pudéssemos ser libertos. Jesus voluntariamente foi morto "...para que nós, em união com ele, vivamos de acordo com a vontade de Deus" (v.21).

O amor de Deus não saiu barato. O custo do Seu amor por nós é altíssimo. Em vez de salvar a si mesmo, o propósito de Jesus era nos salvar. E quando Jesus morreu, Ele fez exatamente isso. —Winn Collier

leia>

2 Coríntios 5:11-21

Em Cristo não havia pecado. Mas Deus colocou sobre Cristo a culpa dos nossos pecados para que nós, em união com ele, vivamos de acordo com a vontade de Deus (v.21).

examine>

Leia o livro de Filipenses 2:1-11. O que Jesus renunciou ou deixou de lado ao escolher resgatar a humanidade? Como este ato altruísta aparece na história da vida de Jesus?

considere>

Como o amor altruísta de Jesus o influencia a ver a postura de Deus com você? Qual é a sua atitude em relação ao Seu imenso amor?

aplicação pessoal>

enganadores

O professor Richard Quinn revoltou-se. Ele descobrira que seus alunos tinham trapaceado nas provas. Ele fez o que os professores fazem de melhor: deu-lhes uma palestra... sobre *ética*. O assunto? *Confesse que trapaceou, e o restante do seu trabalho irá determinar a sua nota. Você também precisará fazer um curso de quatro horas sobre ética. Não haverá registro permanente do seu erro.* Mais de 200 estudantes admitiram terem trapaceado.

Deus convocou o povo de Judá para tornarem-se limpos. Condenou-os por roubá-lo (Malaquias 3:8,9). O povo, retornando do exílio na Babilônia, era apático em sua adoração a Deus e infiel no relacionamento com Ele. Assim, o Senhor deixou claro que o pecado do povo resultaria em purificação (v.2).

As ofertas e os dízimos insignificantes que eram dados a Deus refletiam seus corações endurecidos (vv.8,9). Eles sabiam que um décimo de suas colheitas deveria ser apresentado a Deus (Deuteronômio 12:6,11,17). Mas nem a *quantidade* nem a *qualidade* de seus dízimos e ofertas como coisas materiais (roupas, materiais de construção, ouro, prata, pedras preciosas) eram decentes. Em vez de dar o melhor da safra, eles estavam dando os restos dos barris.

Você quase pode ouvir o povo de Judá respondendo com autopiedade, *Deus, nós passamos por momentos difíceis recentemente. Pega leve, hein?* Talvez você e eu também agimos da mesma maneira, permitindo que tempos difíceis nos levem a oferecer a Deus um culto e ofertas de segunda classe.

Deus, em Sua graça, disse ao Seu povo que Ele iria "abrir as janelas do céu" e ricamente abençoá-los se eles "voltassem" (se arrependessem e renovassem a sua verdadeira adoração) a Ele (Malaquias 3:7,10). E Ele fará o mesmo por você e por mim. Nenhuma aula de ética é necessária. —Tom Felten

leia>

Malaquias 3:6-12

..."Será que alguém pode roubar a Deus?" Mas vocês têm roubado e ainda me perguntam: "Como é que estamos te roubando?" Vocês me roubam nos dízimos e nas ofertas (v.8,9).

examine>

Leia o livro de Gálatas 6:7. O que você está plantando em seu relacionamento com Deus e como será a próxima safra?

considere>

Você engana o Senhor Deus? O que você fará para "voltar" a Ele?

aplicação pessoal>

carregamento de esposas

Os concorrentes no Campeonato Mundial de Carregamento de Esposas se encontram na cidade finlandesa de Sonkajärvi. Na disputa, os homens carregam suas esposas por 253 metros, por cascalhos, grama, areia, dois obstáculos e água. Soltar a esposa significa uma penalidade de 15 segundos — sem mencionar a irritação da mulher.

No casamento, estou convencida de que os homens precisam *carregar* suas esposas, e as esposas precisam *carregar* seus maridos, por assim dizer. Uma forma importante de "carregar" seu cônjuge é por meio da oração.

Se o seu amado não é mais prioridade em sua lista de oração, tente alguns ângulos novos. Uma ideia é pedir a Deus para dar ao seu cônjuge "...conhecimento da sua vontade..." (Colossenses 1:9). Não seria ótimo ter a sabedoria de Deus em todas as nossas decisões relacionadas à família? Poderia ser a forma como disciplinar nossos filhos, melhor ajudarmos os nossos pais e decidirmos em qual igreja local participar.

Além de conhecer a sabedoria de Deus, a maioria de nós precisa de forças para enfrentar os desafios da vida. Paulo orou para que os primeiros cristãos "...se tornem fortes com toda força que vem do glorioso poder dele para que possam suportar tudo com paciência" (v.11). Se o seu cônjuge precisa de ajuda em alguma área, peça a Deus que lhe dê fôlego para lidar com o problema.

E também não se esqueça de pedir a Deus que abençoe o seu cônjuge com alegria e espírito de gratidão (v.11). Muitas vezes, uma melhora das perspectivas pode diminuir as questões do tamanho de montanhas para suas verdadeiras dimensões.

Quando meu marido diz: "Estou orando por você", isso me conforta. Sei que ele não vai me deixar cair nesta corrida da vida. Eu também sei que a Bíblia diz: "...A oração de uma pessoa obediente a Deus tem muito poder" (Tiago 5:16). —Jennifer Benson Schuldt

leia>

Colossenses 1:3-14

...que vocês se tornem fortes com toda a força que vem do glorioso poder dele... (v.11).

examine>

Leia o livro de 2 Coríntios 1:9-11 para mais ideias sobre como interceder pelos irmãos na fé, e Romanos 15:30-33 para ver o que a oração intercessória pode significar para nós e para os outros.

considere>

Como você se sente quando alguém próximo lhe diz que está orando por você? Você irá orar mais intensamente por outros cristãos?

aplicação pessoal>

o privilégio das crianças

Erik Hatzinger confessou ter roubado dinheiro de várias empresas ao longo de muitos meses. Ele parecia arrependido, pois quando o juiz ordenou que ele pagasse aproximadamente 30 mil reais em restituição, Hatzinger informou ao juiz que ele havia roubado mais e gostaria de restituir tudo.

"Esse é o filho que criei", sua mãe disse a um repórter. "Não me surpreende que ele queira assumir a responsabilidade por aquilo que fez. Ele realmente quer acertar." É uma tarefa dos pais encontrar o lado bom em seu filho, mesmo se condenado. Outros podem ter apontado os crimes dele, mas ela se concentrou no comentário do juiz de que seu filho é o criminoso mais arrependido que ele tinha visto.

Davi, que cometeu alguns crimes, disse que o nosso Deus é um Pai misericordioso que "O SENHOR não nos castiga como merecemos nem nos paga de acordo com os nossos pecados e maldades [...]. Pois ele sabe como somos feitos; lembra que somos pó" (Salmo 103:10,14).

Calvino explicou que a aceitação infinita é o privilégio especial de crianças. Escravos trabalham duro para satisfazer seus mestres, sabendo que podem ser punidos por fazer um mal trabalho. "Mas as crianças, que são tratadas com mais liberalidade por seus pais, não temem apresentar-lhes as suas obras irregulares e mal feitas, e mesmo aqueles que têm algumas falhas, confiam que sua obediência e boa vontade são aceitáveis para seus pais, mesmo que não tenham feito o que queriam."

Queremos agradar nosso Pai, mas como é reconfortante saber que o nosso melhor é suficiente, mesmo quando *não* o é. Se você sofre do fardo do perfeccionismo, se você adia tarefas por medo de que elas nunca serão boas o suficiente, lembre-se de que você é filho de Deus. Ele pode exigir a perfeição de um servo, mas tudo o que Ele quer de você é o amor. —Mike Wittmer

leia›

Salmo 103

Como um pai trata com bondade os seus filhos, assim o SENHOR é bondoso para aqueles que o temem (v.13).

examine›

Leia o livro de João 15:9-17 para descobrir outras maneiras que nos diferem de escravos. Confira no livro de Romanos 6:12-23 uma forma importante de como podemos ser "escravos de Deus".

considere›

Que tarefa ou fracasso está pesando fortemente em seu coração? Isso pode ajudá-lo a lembrar-se de que é filho de Deus?

aplicação pessoal›

fé em meio a fome

No período dos reis, Israel não abandonou a Deus, mas misturou a fé nele com a dos deuses da fertilidade e da chuva. Talvez pensassem: *Não faz mal pedir a mais alguns deuses por uma colheita abundante, certo?*

Nessa paisagem obscura, alguém se destacou por sua abordagem diferente. O profeta Elias estava forte na fé, como Tiago nos lembra, "...era um ser humano como nós" (Tiago 5:17).

No livro de 1 Reis 17, Elias confiou em Deus para a sua próxima refeição, vivendo o que diz no livro de Mateus 6:31-33: "Portanto, não fiquem preocupados, perguntando: "Onde é que vamos arranjar comida?" ou "Onde é que vamos arranjar bebida?" ou "Onde é que vamos arranjar roupas?" Pois os pagãos é que estão sempre procurando essas coisas. O Pai de vocês, que está no céu, sabe que vocês precisam de tudo isso. Portanto, ponham em primeiro lugar na sua vida o Reino de Deus e aquilo que Deus quer, e ele lhes dará todas essas coisas."

A fome estava presente. Como Elias encontraria alimento? Mas ele não precisava se preocupar. Pois o Senhor disse: "...esconda-se perto do riacho de Querite, a leste do rio Jordão. Você terá água do riacho para beber; e eu mandei que os corvos levem comida para você ali" (1 Reis 17:3,4).

A torrente de Querite era um córrego sazonal, e fornecia água apenas no inverno. Certamente, o abastecimento de água não duraria até a seca nos dias de Elias. E os corvos? Eles eram considerados criaturas imundas! (Levítico 11:13-15). No entanto, apesar disso, nós lemos: "Elias obedeceu à ordem do SENHOR..." (1 Reis 17:5).

Elias demonstrou que podemos viver pela fé, pois Deus é fiel. Todos os dias os corvos lhe trouxeram comida, e todos os dias os grãos e o óleo foram reabastecidos, exatamente como Deus havia prometido. Tal qual Elias, sigamos a Deus com fé. —Poh Fang Chia

leia>

1 Reis 17:2-16

Elias obedeceu à ordem do SENHOR... (v.5).

examine>

Leia o livro de Salmo 25:10 para ver como Deus conduz fielmente aqueles a quem ama.

considere>

Como você descansa nas promessas de Deus em vez de procurar outras fontes de ajuda? A quais promessas divinas você se apega hoje?

aplicação pessoal>

cães, gatos, baleias

Thor, o cachorro do Frank, atormentava gatos. Então, quando Thor se soltou e fugiu, Frank teve um mau pressentimento. Com certeza, o cão agarrou um pobre gato com as mandíbulas. Então, das sombras veio um raio furioso cinza: outro gato! Lançando-se nas costas de Thor, ele cruelmente arranhou os olhos e o nariz do cão. O canino infeliz soltou a vítima prontamente, mas o ataque continuou.

"Frank, faça algo!", exclamou sua mulher. "Ó, não", ele respondeu. "Ele merecia isso faz tempo." Por fim, o cão caiu no chão derrotado. O gato triunfante foi embora, deixando o cachorro castigado em seu rastro. "Meu cachorro viu o erro de suas ações," Frank riu. Ele conta que seu vira-lata mutilado nunca mais voltou a atacar um gato.

Se Thor não tivesse sido humilhado, ele teria continuado a ser cruel com os gatos. Sua lição tem relação com a história de Jonas? Não! Ele não era cruel com os animais, mas teve que chegar ao fundo, literalmente, antes de se render a Deus.

Você conhece a história. Jonas foi lançado ao mar e naquele momento residia dentro de um grande peixe. Esse foi o momento em que ele buscou a Deus. "Desci até a raiz das montanhas...", disse Jonas. "...Tu, porém, me salvaste da morte, ó SENHOR, meu Deus! Quando senti que estava morrendo, eu lembrei de ti..." (Jonas 2:6,7).

Foi preciso uma sepultura literalmente em águas para Jonas voltar-se para Deus em total honestidade. "... e a minha oração chegou a ti...", disse Jonas (v.7). O resultado foi seu resgate e libertação (v.10).

Com frequência, parece que mudamos apenas quando não temos opções. Mas é exatamente aí que Deus nos encontra! Em nossas situações sem saída estão as oportunidades de nos derramarmos em honestidade perante Ele. —Tim Gustafson

leia>

Jonas 2:1-10

...na minha aflição clamei por socorro, e tu me respondeste... (v.2).

cxamine>

Leia no livro de Salmo 28 a canção desesperada, mas esperançosa do rei Davi a Deus, que o salvou.

considere>

O livro de Jonas 2:8 fala sobre falsos deuses. Você adora um falso deus? Você está agarrado em algo que o impede de ser completamente honesto com Deus?

aplicação pessoal>

ataques verbais

Meu avô era verbalmente abusivo. Anos após a sua morte, ainda luto com as consequências do que ele me disse e como reagi.

Em minha adolescência, não levei em conta as críticas intermináveis e severas do meu avô e fiz todos os esforços para reagir gentilmente e com testemunho cristão. Mas enquanto ele me irava implacavelmente e provocava minha ira (Efésios 6:4; Colossenses 3:21), minhas defesas se desgastaram e comecei a atacá-lo verbalmente também, exigindo que ele parasse de me culpar e de me envergonhar.

O que começa no lar muitas vezes reflete-se por toda a vida. Minhas reações emocionais que começaram como uma forma de me defender contra o meu avô logo se tornaram a maneira como eu reagia a quase todos que me ameaçavam ou ofendiam.

Esses hábitos são difíceis de eliminar, e sei que tenho uma vida inteira de trabalho pela frente para lidar com esta questão. Mas também tenho esperança, graças a amigos que me apoiaram e me ajudaram a experimentar mudanças e cura.

Quando o profeta Jeremias queixou-se a Deus a respeito da maneira como as pessoas o tratavam e lhe pediu que fizesse algo sobre isso, o Senhor respondeu: "...se você se cansa apostando corrida com os homens, como é que vai correr mais do que os cavalos?..." (Jeremias 12:5).

Estou aprendendo que Deus nos permite trazer nossas lutas e reclamações sobre os outros a Ele (Jeremias 12:1; Salmo 86:1-7). Ele também deseja que conheçamos a vitória por meio de Jesus Cristo, e não por revidar com palavras ou atos agressivos.

Deus tem um propósito para cada um de nós, Ele nao quer o nosso trabalho, ministério e relacionamentos prejudicados pelas palavras e ações de "simples mortais." Junte-se a mim para pedir a ajuda de Deus sobre como reagir adequadamente às pessoas e situações difíceis.

—Roxanne Robbins

leia›

Jeremias 12:1-13

Ó SENHOR Deus, se eu discutisse esse meu caso contigo... (v.1).

cxamine›

Leia o livro de Provérbios 17:27 e reflita sobre a sabedoria necessária ao lidar com pessoas difíceis.

considere›

Como você costuma lidar com os ataques verbais de outras pessoas? Quais reações honrariam Deus e seriam melhor para os que lhe lançam palavras duras?

aplicação pessoal›

tudo bem ser grande?

É pecado ser grande? Ao longo dos anos, já ouvi declarações que implicam que é. Alguns disseram: "Não é sobre mim, é sobre Deus," ou "As pessoas precisam ver a Deus, não a mim." Sim, devemos evitar a autopromoção, mas questiono-me se os cristãos podem levar isso longe demais.

Aqueles que pensam que é pecado perseguir a grandeza já consideraram que Deus prometeu grandeza a homens como Abraão e Davi? Para Abraão, Ele disse: "...seus descendentes vão formar uma grande nação..." (Gênesis 12:2). E para Davi: "...Eu farei com que você seja famoso, tão famoso quanto os maiores líderes do mundo" (2 Samuel 7:9). Existe algo maior do que *isso*?

Ao ler estas passagens, não parece que Deus considera o alcance da grandeza em si como algo errado. Ele não se preocupava que a grandeza *deles* tirasse *Sua* grandeza final. Na verdade, é exatamente o oposto. Tudo o que somos vem de Deus. E quando buscamos fazer grandes coisas para glorificá-lo, estamos, finalmente, refletindo a Fonte da nossa grandeza.

Para aqueles que diriam: "Não é sobre nós. É sobre Deus", eu perguntaria: "Por que não é sobre nós e Deus?" Afinal de contas, Deus nos criou como portadores de Sua imagem (Gênesis 1:27). Como seres humanos, somos feitos para revelar e refletir a Sua grandeza e glória a um mundo que precisa desesperadamente ver mais dele.

Não devemos querer homenagens como os hipócritas, que ansiavam por serem notados (Mateus 6:1), mas também não precisamos pedir desculpas quando a grandeza é percebida em nós. Não se trata de nos vangloriarmos em nossos egos e nos tornarmos arrogantes, mas de reconhecer a parceria compartilhada e o propósito. É sobre celebrar o privilégio de Deus usar a nossa vida para promover o Seu reino. —Jeff Olson

leia>

Gênesis 12:1-3

Os seus descendentes vão formar uma grande nação. Eu o abençoarei, o seu nome será famoso, e você será uma bênção para os outros (v.2).

examine>

Observe por que Deus prometeu tornar Abraão alguém grande (Gênesis 12:2).

considere>

Você procura fazer grandes coisas para Deus? Qual é o equilíbrio entre a busca por excelência e grandeza, e entre deixar o resultado em Suas mãos?

aplicação pessoal>

justiça

O filósofo Stephane Hessel, sobrevivente do campo de concentração e ex-membro da Resistência Francesa, escreveu o livreto *Indignai-vos* (Objectiva, 2011). Desde a publicação e suas 11 reimpressões, ele inspirou a nação a lutar por justiça social. Hessel disse aos franceses: "Não sejam complacentes. Não basta aceitar o abismo cada vez maior entre ricos e pobres, a degradação do nosso planeta, o sofrimento dos povos oprimidos. Enfureçam-se e ajam."

Antes de Hessel inspirar os franceses a lutarem pelos oprimidos, Deus ordenou o Seu povo a seguir Sua orientação e viver com justiça. Ao libertar Israel da opressão do Egito, Deus quis estabelecer uma comunidade que seria regida pelas leis do amor, verdade e justiça. Deus esperava que Seu povo tratasse de maneira justa uns aos outros. Eles não deveriam perverter a justiça por causa da pressão da multidão (Êxodo 23:2), do ganho financeiro (vv.3,6,8) ou favoritismo com os pobres (vv.4,5). A motivação para a prática da justiça em relação aos outros é que Deus havia demonstrado um dos maiores atos de justiça em favor deles, libertando-os da opressão egípcia (v.9).

Nós também somos o alvo de um grande ato de justiça — Jesus morreu na cruz para nos libertar da opressão do pecado. Com a morte e ressurreição de Jesus, nosso Messias, Deus já começou a fazer as coisas certas num mundo longe de ser certo. Por causa de nosso relacionamento com Jesus, somos Seus agentes da justiça e mudança no mundo, soltando as correntes da injustiça, libertando os oprimidos, compartilhando o nosso alimento com os famintos, fornecendo abrigo aos desabrigados e estrangeiros e vestindo os despidos.

Indignemo-nos contra as injustiças e levemos o amor e a misericórdia de Deus a todos os lugares onde o pecado vandalizou Sua paz/*shalom*.

—Marvin Williams

leia>

Êxodo 23:1-9

Não maltratem os estrangeiros que moram no meio de vocês. Vocês sabem como eles sofrem por serem estrangeiros, pois vocês foram estrangeiros no Egito (v.9).

examine>

Leia o livro de Isaías 58:1-8 e liste algumas formas como Deus ordenou a Seu povo que praticassem a justiça.

considere>

Sobre qual ato de injustiça em nosso mundo Deus quer que você ore, se revolte contra e tome uma atitude? A justiça de Deus o encoraja e inspira, hoje?

aplicação pessoal>

próximo

Meu pai superou a expectativa bíblica de 80 anos mencionada no livro de Salmo 90:10. Seus 84 anos eram quase 9% da média de vida das primeiras dez gerações de seres humanos. Adão viveu 930 anos. Sete, 912. Enos, 905. Cainã, 910. Maalaleel, 895. Jerede, 962. Enoque, 365. Matusalém, 969. Lameque, 777, e Noé, 950 anos (Gênesis 5). Estes dez patriarcas (excluindo Enoque que não morreu) viveram uma média de 912 anos. Sempre me perguntei por que eles viviam por tanto tempo.

No livro de Salmo 78:9-72, Asafe contou a história de Israel de modo que os israelitas não se esquecessem de Deus e do que Ele havia feito. Asafe disse: "...explicarei os segredos do passado [...] coisas que os nossos antepassados nos contaram" (vv.2,3).

Deus falou aos pais "...que ensinassem essas leis aos seus filhos para que os seus descendentes as aprendessem, e eles, por sua vez, as ensinassem aos seus filhos" (vv.5,6), para eles não serem "...como os seus antepassados, um povo rebelde e desobediente, que nunca foi firme na sua confiança em Deus e não permaneceu fiel a ele" (v.8).

Talvez seja por isso que nos primeiros 1.600 anos da história humana, as pessoas tenham tido vida longa: para que ensinassem seus filhos e netos sobre o Deus Criador e os encorajassem a colocar "...a sua confiança em Deus" (v.7). Sobrepondo nove gerações, eles eram os contemporâneos de Adão, ou pessoalmente conheciam alguém que fora! Imagine isto: Adão dizendo a Lameque, seu descendente da 9.ª geração e o pai de Noé sobre o que aconteceu no Jardim do Éden! (Gênesis 3).

Hoje, nossa expectativa de vida foi reduzida significativamente (Gênesis 6:3). Mas o dever de ensinar a próxima geração para dar seus corações a Deus não mudou (Salmo 78:8). É o presente mais importante que podemos dar para a próxima geração (Mateus 28:20). —K. T. Sim

leia>

Salmos 78:1-8

O SENHOR deu leis ao povo [...] aos descendentes de Jacó. Ordenou aos nossos antepassados que ensinassem essas leis aos seus filhos para que os seus descendentes as aprendessem... (vv.5,6).

examine>

Qual dos pais é mais passível de ser responsabilizado por Deus para ensinar as crianças sobre Ele? Por quê? (Gênesis 18:19; Deuteronômio 4:9-10; 11:19-21; Provérbios 6:20-22; Efésios 6:4).

considere>

O que devemos ensinar aos nossos filhos a respeito de Deus? Como vamos ajudá-los a 'renovar suas esperanças em Deus'?

aplicação pessoal>

opa!

Certa vez, o copiloto de um avião comercial passou por apuros. Enquanto o comandante estava fora da cabine, o ajudante bateu o manche para frente para tentar ajustar o assento. O jato, que voava a 11 quilômetros de altura, despencou imediatamente mais de 700 metros. O comandante conseguiu retornar para a cabine, mas enfrentou uma luta com o copiloto em pânico, que não soltava os controles. O cabo de guerra resultou na queda do avião em mais 1.500 metros. Finalmente, o comandante colocou a aeronave no modo de voo normal, para o alívio de 113 passageiros aterrorizados!

Como aquele copiloto tolo, também podemos nos comportar de maneira que nós e os outros fiquemos em perigo. Jesus descreveu um construtor "tolo" no livro de Mateus 7. Em vez de construir sua casa em "terra firme" (v.25), ele escolheu um solo arenoso. Não foi uma boa ideia, pois quando o vento e as chuvas de uma violenta tempestade atingiram a casa "...Ela caiu e ficou totalmente destruída" (v.27).

No final do Sermão do Monte, Jesus convocou as pessoas a deixarem seus caminhos tolos e segui-lo. Ele sabia que a "tempestade", uma imagem do futuro julgamento de Deus (Jeremias 23:19; Ezequiel 1:4), exporia a situação espiritual de cada pessoa. Revelaria se eles tinham ou não escolhido seguir a Deus (Mateus 6:33), submeter-se à Sua vontade (7:21), e caminhar com Ele em obediência e justiça (7:22,23).

Podemos até afirmar que cremos em Jesus — que nossas vidas estão construídas sobre a Rocha. Mas se as nossas palavras e ações negam o que Ele ensina à medida que avançamos de modo tolo em pecado e em uma vida imprudente, estamos a caminho de uma grande queda espiritual.

Abra mão das maneiras tolas e entregue o controle de sua vida a Jesus. Comece a voar alto com Ele! —Tom Felten

leia›

Mateus 7:24-27

Quem ouve esses meus ensinamentos e não vive de acordo com eles é como um homem sem juízo que construiu a sua casa na areia (v.26).

examine›

Leia o livro de Provérbios 1:7; 10:23; 18:2; 29:11. Observe a maneira como um tolo age e reage.

considere›

O que o impedirá de agir estupidamente? É essencial que o cristão obedeça a Jesus?

aplicação pessoal›

Um cristão pode sentir-se estressado?

por Dan Vander Lugt

Todo mundo experimenta estresse. É uma parte normal da vida, resultado de viver num mundo caído sob o efeito da maldição do pecado. Todos, cristãos ou não — enfrentam problemas e dificuldades que simplesmente ocorrem na vida. Doenças, pressões no trabalho, fofocas, motoristas rudes e muitas outras circunstâncias, por vezes, tornam difícil manter a calma e o autocontrole.

Mesmo assim alguns procuram uma fé que ignora o estresse, na verdade este é um acessório inevitável de crescimento e retrocesso espiritual. Embora a fé nos permita lidar com as pressões do estresse, ela não as elimina.

Quando somos responsáveis por cumprir os padrões de Deus, às vezes sentimos um peso maior do estresse do que se não fôssemos filhos de Deus. Como membros da família de Deus, somos movidos pelo Espírito Santo a reconhecer os pecados e fracassos do passado, e também a admitir que ferimos um ao outro e desonramos a Deus. Os pecados dos incrédulos têm consequências, é claro, mas esses pecados poucas vezes são a causa de remorso ou tristeza. A curto prazo, a vida é mais simples para as pessoas que não estão cientes da profundidade de sua depravação, e por sua vez são capazes de racionalizar os seus pecados.

Considere, por exemplo, uma figura de linguagem, que à primeira vista não parece ter nada a ver com estresse, até que olhamos para ela mais de perto. No livro de Efésios 5:14, o apóstolo Paulo se refere ao que pode ter sido um hino cristão da época:

"...Você que está dormindo, acorde! Levante-se da morte, e Cristo o iluminará."

Esta citação usa duas imagens impressionantes para descrever as mudanças espirituais que ocorrem na transição da incredulidade à fé em Jesus. Os incrédulos são como os que dormem ("Você que está dormindo, acorde!") ou mortos ("Levante-se da morte").

Ao acordar, sonhos e fantasias são rapidamente substituídos pela consciência de uma realidade que é muito mais exigente. E ressuscitar dentre os mortos? É perturbador até mesmo considerar o tipo de percepção que pode acompanhar o retorno da vida a um cadáver e sua carne em decomposição.

Assim como o calor não pode dissipar a dormência das mãos congeladas sem dor, os cristãos não podem esperar crescimento espiritual sem estresse.

Assim como o calor não pode dissipar a dormência das mãos congeladas sem dor, os cristãos não podem esperar crescimento espiritual sem estresse. O crescimento espiritual ocorre apenas quando estamos prontos a seguir um Mestre que ordena que reexaminemos radicalmente as pretensões de nossa vida anterior. Jesus disse que Seus discípulos devem estar dispostos a tomar a Sua cruz e segui-lo (Mateus 10:38), e o apóstolo Paulo descreveu intensamente o estresse vivido no decorrer do serviço cristão:

"Irmãos, queremos que saibam das aflições pelas quais passamos na província da Ásia. Os sofrimentos que suportamos foram tão grandes e tão duros, que já não tínhamos mais esperança de escapar de lá com vida. Nós nos sentíamos como condenados à morte. Mas isso aconteceu para que aprendêssemos a confiar não em nós mesmos e sim em Deus, que ressuscita os mortos" (2 Coríntios 1:8,9).

"Tudo o que eu quero é conhecer a Cristo e sentir em mim o poder da sua ressurreição. Quero também tomar parte nos seus sofrimentos e me tornar como ele na sua morte" (Filipenses 3:10).

"Agora eu me sinto feliz pelo que tenho sofrido por vocês. Pois o que eu sofro no meu corpo pela Igreja, que é o corpo de Cristo, está ajudando a completar os sofrimentos de Cristo em favor dela" (Colossenses 1:24).

Portanto, não é anormal um cristão se sentir estressado. Longe disso. Mas o estresse para os cristãos é acompanhado de propósito e da esperança que reforça e fortalece a fé, como os seguintes versos mostram.

"Agora que fomos aceitos por Deus pela nossa fé nele, temos paz com ele por meio do nosso Senhor Jesus Cristo. Foi Cristo quem nos deu, por meio da nossa fé, esta vida na graça de Deus. E agora continuamos firmes nessa graça e nos alegramos na esperança de participar da glória de Deus. E também nos alegramos nos sofrimentos, pois sabemos que os sofrimentos produzem a paciência, a paciência traz a aprovação de Deus, e essa aprovação cria a esperança. Essa esperança não nos deixa decepcionados, pois Deus derramou o seu amor no nosso coração, por meio do Espírito Santo, que ele nos deu" (Romanos 5:1-5).

"Porque, assim como tomamos parte nos muitos sofrimentos de Cristo, assim também, por meio dele, participamos da sua grande ajuda. Se sofremos, é para que vocês recebam ajuda e salvação. Se somos ajudados, então vocês também são e recebem forças para suportar com paciência os mesmos sofrimentos que nós suportamos. Desse modo a esperança que temos em vocês está firme. Pois sabemos que, assim como vocês tomam parte nos nossos sofrimentos, assim também recebem a ajuda que Deus dá" (2 Coríntios 1:5-7).

o Bom Pastor

Quando eu estava no Ensino Médio, meus pais levaram nossa família para Israel. O embate de histórias, paisagens, línguas e crenças ampliaram minha visão de mundo.

O pastoreio ainda é um importante meio de vida em Israel. É comum ver um pastor levando seu rebanho de um lugar para outro. Porém, ao contrário do pastoreio de ovelhas que eu tinha visto em minha terra (onde um fazendeiro montado em um cavalo normalmente conduzia as ovelhas à frente), em Israel o pastor anda à frente das ovelhas — indicando o caminho. Se algo perigoso está à frente, o pastor o enfrenta por primeiro. As ovelhas não precisam se preocupar para onde estão indo. Simplesmente seguem em segurança.

Proveniente da mesma cultura e práticas, o salmista usou esta imagem do pastor para nos lembrar de como Deus é. O Salmo 23 (uma das passagens mais conhecidas das Escrituras) nos lembra que nossas inquietações e nosso bem-estar estão nas mãos do Pastor. Porque o Senhor é nosso Pastor, "...nada [nos] faltará" (v.1).

Este Bom Pastor nos conduz, renova e guia (vv.2,3). Quase todas as iniciativas no Salmo 23 são do Pastor, não nossas. A maior parte da responsabilidade recai sobre o Pastor, não em nós. O Pastor mostra o caminho e nós seguimos.

Garanto que isto não significa que evitaremos todos os problemas ou perigos na vida. Ao contrário, significa que, mesmo nessas ocasiões, quando devemos andar "por um vale escuro como a morte", não temos razão para temer porque o Bom Pastor está conosco (v.4).

Penso que um bocado de minha ansiedade vem da convicção de que eu devo ser o pastor, mas eu não devo. Deus é o único Pastor que necessitamos. —Winn Collier

leia›

Salmo 23

O SENHOR é o meu pastor... (v.1).

examine›

Leia o livro de João 10:1-21. Como é utilizada aqui a imagem do pastor? Quais são as palavras repetidas por João que enfatizam como devemos encontrar e seguir o Pastor?

considere›

De que maneira você tem sido desafiado a passar à frente do Pastor? Aonde o Pastor o convida a seguir?

aplicação pessoal›

a acusação do Natal

Poucas coisas parecem tão fora de lugar quanto o apavorante relato da matança de inocentes por Herodes (Mateus 2:16). Por que um Deus amoroso permitiu que o massacre de crianças por um tirano maculasse a beleza e pungência da história do Natal?

Mateus a reconta de forma firme e singela: "...[Herodes] mandou matar, em Belém e nas suas vizinhanças, todos os meninos de menos de dois anos..." (Mateus 2:16). A "explicação" posterior ajuda pouco a satisfazer nosso anseio por justiça: "Assim se cumpriu o que o profeta Jeremias havia dito..." (v.17). O lamento da antiga e angustiada poesia ecoa de forma sinistra em nossas almas: "...era Raquel chorando pelos seus filhos; ela não quis ser consolada, pois todos estavam mortos" (v.18).

Esse lamento evoca uma questão maior. A humanidade é violada por tais atos e algo em nós anseia por dizer: *Ó Deus, o Senhor é Deus, por todos os céus! Por que o Senhor permitiu que isto acontecesse? Não foi justo permitir que um tirano do mal apanhasse os meninos das mães de Belém, enquanto o Teu Filho escapava para o Egito.*

Mas o Filho de Deus *não* escapou. Ele veio para morrer. Décadas após Seu nascimento, este inocente "...Cordeiro de Deus, que tira o pecado do mundo" (João 1:29) foi abatido. O apóstolo Paulo declara que Deus "...nem mesmo deixou de entregar o próprio Filho, mas o ofereceu por todos nós..." (Romanos 8:32).

Não há explicação satisfatória para as atrocidades, porém, nossa plena satisfação é saber que "...Deus mandou o seu Filho para salvar o mundo e não para julgá-lo" (João 3:17).

Encontramos consolo no fato de Jesus amar Seus filhos infinitamente mais do que o inimigo os odeia. Os inocentes aguardam justiça. Podemos confiar no único Justo para conferir isso. —Tim Gustafson

leia>

Mateus 2:13-18

...Raquel chorando pelos seus filhos... (v.18).

examine>

Quais semelhanças você encontra entre o relato do nascimento de Moisés no livro de Êxodo e o nascimento de Jesus? (Êxodo 1:15-2:10).

considere>

Quais sentimentos as injustiças e as atrocidades despertam em você? Você as ignora ou evita? Fica furioso? Como Deus quer que você reaja?

aplicação pessoal>

defendido

Os últimos anos foram um importante campo para treinar a *entrega*. Confrontados pela verdade da Palavra de Deus, meu marido e eu percebemos que muito do modo como antes realizávamos o ministério não refletia o chamado para o discipulado que ecoa em toda a Escritura. Nossos corações encheram-se com zelo e paixão e colocamos nossos arados no solo em obediência. Hoje, com os olhos cheios da poeira de arar a terra seca, vivemos por essa mesma convicção para o que Deus nos chamou. Porém, nossa experiência não ocorreu sem questionamentos e lágrimas.

Fugindo de um homem com profundas inseguranças, Davi não conhecia nenhum lugar seguro. Em um tempo perigoso, um aparente espectador inocente se tornou uma ameaça à vida de Davi e ao bem-estar daqueles que o ajudavam (1 Samuel 22:21-23). Mas ele não se importava com o que os outros pensavam dele. O coração de Davi batia com amor pelo povo de Deus. Quando soube da aflição de Queila, Ele agiu em obediência à Deus (23:5).

À medida que consideramos a vitória de Davi, é irônico que as mesmas pessoas que ele salvou estariam dispostas a entregá-lo a Saul (v.12). Por que eles concordariam em traí-lo? Elas sabiam das coisas horríveis que Saul havia feito para o povo de outra cidade — Nobe — quando ajudaram Davi (22:9-23) e temeram. Davi manteve sua crença de que Deus tinha sido e sempre seria sua segurança — o único que guardaria e defenderia sua vida (23:16,18).

Davi sabia que as escolhas dos homens não poderiam deter a vontade suprema de Deus. Ele colocou sua vida sob o conhecimento seguro de que "Quando as pessoas honestas chamam o SENHOR, ele as ouve e as livra de todas as suas aflições" (Salmo 34:17). Davi seguiu em frente com sua fé firmemente ancorada na Rocha da salvação. O mesmo nós devemos fazer. —Regina Franklin

leia›

1 Samuel 23:1-14

Então perguntou a Deus, o SENHOR: —Devo ir e atacar os filisteus? —Sim! —respondeu o SENHOR. —Ataque-os e salve a cidade de Queila (v.2).

examine›

Leia os livros de 1 Pedro 2:19-25 e Romanos 12:18-21 para entender como devemos responder àqueles que nos fazem sentir indefesos.

considere›

Você já se lamentou por ajudar alguém que mais tarde o tratou mal? A soberania de Deus desempenha um papel crucial na maneira que encaramos as circunstâncias?

aplicação pessoal›

prova da existência

Em seu livro *The Evidence for God* (A evidência de Deus, tradução livre), o filósofo Paul Moser propõe uma hipótese fascinante para a existência de Deus. Seu argumento básico é: se existe um Deus, Ele precisaria ser digno de adoração. Assim, este Deus precisaria ser amoroso — até o ponto de amar Seus inimigos; Ele gostaria que Suas criaturas amassem um ao outro também, pois o amor, por sua natureza, é feito para ser compartilhado.

A seguir, Moser faz uma série de perguntas: há evidência de tal Deus na experiência humana? Como os humanos têm claramente uma tendência egoísta, de que servem os atos amorosos com os outros? Por que nossa consciência é "alfinetada" quando somos egoístas? De que maneiras as pessoas podem amar os seus inimigos? Moser sugere que estas experiências são evidências do Deus da Bíblia, e que, ao respondermos ao Seu convite para nos relacionarmos com Ele, somos transformados ao nos comprometermos com Seu caráter amoroso, provando Sua existência ainda mais.

O apóstolo João concordaria. A natureza de Deus é amor, e todo o amor humano se origina dele (1 João 4:7,8). O amor de Deus é tão intenso que Ele enviou Seu Filho para morrer por Seus inimigos — por aqueles que nunca o amaram em retorno (vv.9,10). Deus quer que nos rendamos a Ele (v.15) e amemos uns aos outros como Ele nos ama (v.11). Dessa forma, Seu amor habitará em nós, nos moldando em Seu caráter amoroso (v.17), resultando em conhecimento de (e provando) Sua existência ainda mais (vv.12,17).

Podemos ter uma breve visão de Deus em nossa consciência e através de experiências de amor, mas Deus somente pode ser "tocado" por meio do relacionamento com Ele. Provemos a existência de Deus ao conhecer-lhe e refleti-lo hoje. —Sheridan Voysey

leia>

1 João 4:7-21

Nunca ninguém viu Deus. Se nos amamos uns aos outros, Deus vive unido conosco, e o seu amor enche completamente o nosso coração (v.12).

examine>

Leia o livro de Jeremias 29:12-14 e perceba que o encontrar Deus está relacionado a ter comunhão com Ele. Como Jesus revela plenamente o Deus digno de adoração?

considere>

Outras religiões incluem crenças em deuses de misericórdia e amor. De que maneira esses deuses diferem do Deus da Bíblia?

aplicação pessoal>

enterrados vivos

Alguns estudantes de medicina em Taiwan são *enterrados* vivos por dez minutos. O que poderia levar à escassez de médicos taiwaneses em poucos anos, de fato não leva à morte. Eles são colocados em um caixão lacrado para possibilitar a percepção sobre a morte e promover a valorização da vida.

O apóstolo Paulo nos ensinou que também fomos enterrados vivos. Permanecemos fisicamente vivos, mas morremos espiritualmente para o pecado. No livro de Romanos 6, Paulo declara que "fomos sepultados com ele por termos morrido junto com [Cristo]" (v.4). Isto significa que quando recebemos Jesus como nosso Salvador, morremos para o pecado. Assim, um cristão verdadeiro não pode simplesmente continuar a viver em pecado constante. Se isso acontecer, é provável que, na verdade, nunca tenha nascido de novo, pois "Quem é filho de Deus não continua pecando, porque a vida que Deus dá permanece nessa pessoa. E ela não pode continuar pecando, porque Deus é o seu pai" (1 João 3:9).

Assim, "...sabemos que a nossa velha natureza pecadora foi morta com Cristo na cruz a fim de que o nosso eu pecador fosse morto, e assim não sejamos mais escravos do pecado" (Romanos 6:6). Então, alcançaremos a perfeição sem pecado nesta vida? Não. Mas os novos padrões de santidade devem cada vez mais substituir velhos padrões pecaminosos.

Paulo disse que temos uma escolha: "Portanto, não deixem que o pecado domine o corpo mortal de vocês e faça com que vocês obedeçam os desejos pecaminosos..." (v.12). Em vez disso, devemos, em oração, ativamente morrer para o pecado a cada dia — escolhendo nos entregar "completamente a Deus" (v.13) e reivindicar o poder de Deus sobre o pecado. Porque "...o pecado não dominará vocês..." (v.14).

Hoje, escolhamos morrer para o pecado ao lembrar que já fomos enterrados com Jesus. —Tom Felten

leia>

Romanos 6:1-4

Portanto, não deixem que o pecado domine o corpo mortal de vocês e faça com que vocês obedeçam os desejos pecaminosos da natureza humana (v.12).

examine>

Confira o que o apóstolo Paulo escreveu no livro de Gálatas 2:20 e pondere sobre o que significa para os cristãos ser crucificado com Cristo.

considere>

Para quais pecados específicos você precisa morrer diariamente? Como você pode ter nova vida em Jesus e deixar para trás os velhos padrões do pecado?

aplicação pessoal>

a frugalista

O que poderia fazer uma mulher dispensar uma pedicure, recusar um horário no cabeleireiro e escolher comer em casa ao invés de jantar fora? Para Natalie P. McNeal, a resposta foi cerca de R$ 45 mil em dívidas. Ela se transformou em "a frugalista" quando decretou "um mês sem compras" e economizou centenas de reais, com os quais reduziu seu saldo devedor. Seguindo esse hábito, ela logo pagou todo o valor que devia.

Sair de uma dívida é mais fácil de falar do que fazer. Uma mulher da Bíblia foi tão longe no vermelho que os credores a ameaçaram confiscar seus dois filhos como pagamento (2 Reis 4:1). Sem marido nem renda, ela buscou socorro no profeta Eliseu.

Ele primeiro perguntou à viúva, "...O que é que você tem em casa?..." (v.2). Essa foi uma boa pergunta, porque é razoável vender algo que tenhamos para pagar a dívida. Embora possamos ter apego aos itens que compramos (Mateus 19:21,22), a Bíblia nos ensina a pagar "...o que é devido..." (Romanos 13:7).

Infelizmente a viúva tinha apenas um único frasco de óleo de oliva. Mesmo assim, Eliseu a instruiu: "...Vá pedir que os seus vizinhos lhe emprestem muitas vasilhas vazias" (2 Reis 4:3). Quando ela obedeceu, um jarro após outro foi cheio com o azeite de oliva (v.5).

Eliseu em seguida a instruiu a vender o azeite, pagar a dívida e viver do dinheiro que sobrou (v.7). Seu conselho nos mostra que quando temos abundância, precisamos gerenciá-la com cuidado — quitar dívidas deve ser uma prioridade.

Viver como escravo de um credor pode ser frustrante e desanimador (Provérbios 22:7). Mas ao mudarmos hábitos de consumo, vendermos pertences e obedecermos o conselho divino sobre nossa situação específica, poderemos prosperar em direção a uma vida livre de dívidas.
—Jennifer Benson Schuldt

leia›

2 Reis 4:1-7

...um homem a quem ele devia dinheiro veio para levar os meus dois filhos... (v.1).

examine›

Leia no livro de Provérbios 22:26,27 o que a Bíblia diz sobre ser fiador de dívidas. Em Deuteronômio 15:7-11 como devemos tratar os menos favorecidos que nos pedem empréstimos.

considere›

De que maneira a dívida pode influenciar a nossa capacidade de servir a Deus? Como devemos evitar contrair dívidas?

aplicação pessoal›

assinatura

Algumas pessoas formulam "frases de efeito" que consolidam o que importa para elas. Um âncora de jornal finaliza cada transmissão com "e foi assim" para relembrar os espectadores que ele transmite os fatos importantes de cada dia. Um conselheiro financeiro no rádio responde à pergunta de um ouvinte de "como vai você?" com, "melhor do que mereço" — focando a atenção na graça imerecida de Deus.

O apóstolo Paulo tinha sua própria frase de efeito. Verifique as frases de abertura de qualquer de suas cartas e leia: "Que a graça e a paz de Deus, nosso Pai, e do Senhor Jesus Cristo estejam com vocês" (Efésios 1:2). Há variações ocasionais — ele acrescenta "misericórdia" à "graça e paz," quando utiliza uma saudação especial para Timóteo (1 Timóteo 1:2; 2 Timóteo 1:2) — mas esta saudação padrão é um indicador confiável de que você está lendo uma carta de Paulo.

O apóstolo a repetiu com frequência porque queria que saboreássemos cada parte dela. Deus, nosso Pai: o Deus do Universo é nosso papai. Ele nos adotou como filhos, e embora nosso pecado possa nos levar a nos desviarmos, Ele corre avidamente para nos encontrar sempre que voltamos para casa. Ele nunca está tão feliz do que quando engatinhamos para o Seu colo e nos aconchegamos em Seus fortes braços de amor.

E do Senhor Jesus Cristo: nosso Salvador crucificado ascendeu como Rei do mundo. Com alegria, nos curvamos e o adoramos, submetendo cada área de nossas vidas ao Seu reino enquanto aguardamos por Seu glorioso retorno.

Graça a vós outros e paz: nosso mundo classifica cada pessoa e seu desempenho, mas Deus nos ama e aceita exatamente como somos. Quando transmitimos Sua paz para os outros, perdoando como fomos perdoados, desfrutamos de prosperidade íntegra e nos deleitamos em sermos filhos de Deus. —Mike Wittmer

leia›

Efésios 1:1-14

Que a graça e a paz de Deus, nosso Pai, e do Senhor Jesus Cristo estejam com vocês (v.2).

examine›

Leia o livro de Salmo 68 e reflita sobre como cada elemento da saudação de Paulo tem raízes no Antigo Testamento.

considere›

Reflita sobre a ligação entre a paternidade de Deus, o senhorio de Cristo, e graça e paz. Como um depende do outro? De qual você precisa lembrar hoje?

aplicação pessoal›

nós, muito honrados?

Uma dentre as muitas canções tradicionais de Natal que frequentemente é ouvida e cantada nesta época do ano é *Os três reis do Oriente*. Foi escrita por John Henry Hopkins em 1857. Vá em frente — cante alguns versos!

Detesto estragar uma tradição tão apreciada, mas provavelmente havia *mais* do que três reis que viajaram longas distâncias para visitar Jesus (Mateus 2:1-12). A Bíblia não diz exatamente quantos havia, mas é provável que fosse um grupo bem grande de homens. O que suscita outro ponto — eles também não eram reis. Eram estrangeiros honrados, membros da classe sacerdotal da Pérsia, sábios assessores do rei.

Não extraímos isto de canções de Natal, mas muitas cenas da manjedoura também retratam homens sábios visitando José, Maria e o menino Jesus na noite em que Ele nasceu em Belém. Mas isso também é incorreto. Os únicos que o visitaram aquela noite no estábulo foram um grupo de pastores da região (Lucas 2:8-16). Embora os sábios ainda estivessem em Belém, foi de fato algum tempo depois em uma "casa" que eles "se prostraram e adoraram" Jesus (Mateus 2:11).

Apesar de a tradição ter lutado para manter os detalhes, isso não muda o fato de que certo número de sábios do Oriente seguiu algum tipo de sinal dos astros que os guiou na busca de um rei de verdade — o prometido rei dos judeus (vv.1,2). E quando eles finalmente conseguiram encontrá-lo, sua primeira reação foi adorá-lo (v.11). Por quê? Embora Jesus fosse uma pequena criança, entenderam que Ele era o Filho de Deus. Estavam na presença do Salvador do mundo.

Quaisquer que sejam as nossas tradições, que possamos fazer o mesmo ao compreendermos a verdade do Emanuel — Deus conosco (1:23).

—Jeff Olson

leia>

Mateus 2:1-12

Entraram na casa e encontraram o menino com Maria, a sua mãe. Então se ajoelharam diante dele e o adoraram... (v.11).

examine>

Adoração era uma reação comum daqueles que compreendiam quem Jesus realmente era. Confira nos livros de Mateus 14:33; 28:9 e João 9:38.

considere>

Quais presentes de adoração você pode oferecer a Jesus hoje? Como suas tradições familiares celebram a verdade do nascimento de Jesus?

aplicação pessoal>

consciência limpa

Certo homem consultou o médico: "Andei me comportando mal, doutor, e minha consciência está me incomodando", ele se queixou. "E você quer algo para fortalecer a sua força de vontade?", perguntou o doutor. "Bem, não", disse o rapaz. "Estava pensando em algo para enfraquecer minha consciência."

Às vezes pensamos que nossa consciência é mais um estorvo do que um guia muito necessário. Quando sabemos o que é certo e errado, ela insiste que façamos o certo e evitemos o errado. E isso pode não ser sempre o mais conveniente ou o que mereça o aplauso do mundo.

No livro de 1 Timóteo, o apóstolo Paulo instruiu seu aprendiz — que servia na grande cidade de Éfeso — para viver sua fé em obediência. Uma das ordens que deu a Timóteo foi que mantivesse uma consciência limpa (1:19).

Por que isso era tão importante para ele? *Para que mantivesse a fé em Jesus e não naufragasse na fé*, Paulo explicou.

Uma definição de fé é: renunciando a tudo, confio nele. Quando perdemos nossa fé em Jesus, em vez de apegarmo-nos a Deus, procuramos compreender os assuntos do mundo. A vida é meramente reduzida ao mundo físico. Então perdemos oportunidades de experimentar a vitalidade de um relacionamento vivo com Deus, que somente acontece pela fé (Hebreus 11:6).

Quando naufragamos na fé, como Himeneu e Alexandre, nos tornamos instrumentos do mal em vez da justiça. Minamos os ensinamentos de Deus e — neste processo — o difamamos.

Quando ouvimos Deus falar, devemos obedecer — não importa o que nossa carne ou sentimentos digam. E a maneira de manter a consciência limpa. Se você falhar, é tempo de confessar, arrepender-se, endireitar o caminho e continuar a se apegar a Deus em fé. —Poh Fang Chia

leia>

1 Timóteo 1:1-7,18-20

Conserve a sua fé e mantenha a sua consciência limpa. Algumas pessoas não têm escutado a sua própria consciência, e isso tem causado a destruiçao da sua fé (v. 19).

examine>

Leia o livro de 1 Samuel 24:5 para entender como a sua consciência pode impedi-lo de fazer o que é errado. E 2 Samuel 11 revela a devastação que pode se instalar quando sua consciência é fraca.

considere>

De que maneiras você luta para manter sua consciência limpa? O que você precisa trazer a Deus hoje em arrependimento?

aplicação pessoal>

calma, calma!

Era o primeiro mês dos 40 anos de peregrinação no deserto. Ainda aflito pela morte de sua amada irmã Míriam (Números 20:1), Moisés teve que lidar com a rebelião de seu povo. A segunda geração de israelitas que havia sido liberta do cativeiro estava prestes a entrar na Terra Prometida. Mas eles cometiam os mesmos erros das gerações anteriores — reclamavam e pensavam em voltar ao Egito (vv.2-5; 14:1-4; Êxodo 17:1-4). Se rejeitassem a Deus uma segunda vez, poderiam terminar vagando no deserto por mais 40 anos! Um sentimento de medo e perturbação inquietou e oprimiu Moisés.

Ano após ano, ele tinha, de alguma forma, conseguido submeter os teimosos ingratos à sua liderança, numa crise após outra. Mas tudo o que Moisés recebeu por seus esforços foram mais reclamações e críticas. Então, em profunda tristeza e raiva, ele gritou: "...—Agora escute, gente rebelde! Será que vamos ter de fazer sair água desta rocha para vocês?" (Números 20:10). Ao chamar a atenção para si mesmo, Moisés desobedeceu a Deus e bateu na rocha duas vezes (v.11). Sua desobediência orgulhosa e postura negativa desonraram a Deus. Como resultado, Moisés não teve permissão para entrar na Terra Prometida (v.12).

O salmista comentou: "Eles fizeram com que Moisés ficasse tão irritado, que ele disse coisas que não devia" (Salmo 106:33). Quando estamos com raiva, tendemos a proferir palavras cortantes — ásperas e precipitadas — das quais certamente nos arrependeremos mais tarde. É por isso que devemos aprender a controlar nossa raiva (Eclesiastes 7:9; Provérbios 14:29; 16:32).

O apóstolo Tiago nos dá este conselho atemporal: "...cada um esteja pronto para ouvir, mas demore para falar e ficar com raiva. Porque a raiva humana não produz o que Deus aprova" (1:19,20). Controle o seu temperamento! —K. T. Sim

leia›

Números 20:1-13

...cada um esteja pronto para ouvir, mas demore para falar e ficar com raiva (Tiago 1:19).

examine›

O que o livro de Salmos 4:4; 37:8 e o livro de Efésios 4:26,27 dizem sobre lidar com a ira?

considere›

A ira de Moisés se justifica com as queixas e rebelião do povo? Não devemos ter raiva do pecado? Por que sim ou não? Quando a raiva se torna pecado?

aplicação pessoal›

absorvendo a queda

Shirley Dygert queria comemorar seu aniversário de 54 anos com estilo. Por isso, se inscreveu para saltar de paraquedas de uma altura de aproximadamente quatro quilômetros. Ela e seu instrutor, Dave Hartsock, saltaram do avião. Puxaram a corda de abertura, mas o paraquedas virou um emaranhado e abriu apenas parcialmente. O instrutor tentou abrir o paraquedas reserva, mas também estava emaranhado. Enquanto caíam a cerca de 60 quilômetros por hora em espiral, Hartsock percebeu que corriam contra o tempo. Então, ele girou em volta do corpo de Shirley e absorveu o impacto da queda, e assim ela saiu relativamente ilesa. Mas Hartsock está paralisado do pescoço para baixo. Que exemplo de sacrifício!

Assim como Hartsock entregou seu corpo para proteger o de sua aluna, o apóstolo João lembrou seus leitores que foi isto o que Jesus fez pela salvação do mundo. Em resposta, eles deveriam sacrificar-se para ajudar a satisfazer as necessidades físicas uns dos outros.

Este chamado para o amor sacrificial não era um novo mandamento, mas a mensagem que João tinha ouvido de Jesus (João 13:34,35). Ele destacou o poderoso modelo de Jesus, que foi traído, condenado à morte, zombado, açoitado e suportou a agonia da cruz para perdoar os pecados deles (1 João 3:16). Por ter dado Sua vida sacrificialmente por nossos pecados, devemos estar preparados e dispostos a entregar nossas vidas uns pelos outros ao ajudá-los nas necessidades.

Mais de dois milênios atrás, Jesus demonstrou Seu amor ao entregar a vida por nós. Motivados por este amor, devemos pedir a Deus para ajudar-nos a amar uns aos outros da mesma maneira. Comecemos por lutar para reduzir o impacto dos fardos financeiro, físico, emocional e espiritual de nossos irmãos e irmãs em Jesus. —Marvin Williams

leia›

1 João 3:11-20

Sabemos o que é o amor por causa disto: Cristo deu a sua vida por nós. Por isso nós também devemos dar a nossa vida pelos nossos irmãos (v.16).

examine›

Leia os livros de Atos 2:42-45; Romanos 16:3,4 e Filipenses 2:25-30 para entender como os cristãos do primeiro século davam suas vidas uns pelos outros.

considere›

O quanto você está disposto a ter suas finanças e planejamento alterados por pessoas em necessidade. Como lhes demonstrar amor?

aplicação pessoal›

o que fazer?

Eu costumava lutar para tomar decisões. Quando confrontada com diferentes opções, raramente estava convicta de que tomaria a decisão certa. Em um inverno, viajei para visitar amigos queridos que tinham uma estação de esqui. Em vez de aproveitar o esporte gratuito, optei por passar meus dias ao lado da lareira da casa aconchegante, lutando com meu problema de tomada de decisão.

Com a Bíblia em mãos, procurei por cada versículo que pudesse encontrar que se referisse às escolhas sábias. Meu estudo me levou a aplicar os versículos de uma nova maneira. Em vez de somente ler as Escrituras, comecei a fazer perguntas que revelariam se eu estava ou não realmente aplicando a Palavra de Deus àquela situação específica e qual passo deveria tomar. Por exemplo, em vez de só concordar com o livro de Provérbios 3:5,6 — "Confie no SENHOR de todo o coração e não se apoie na sua própria inteligência. Lembre de Deus em tudo o que fizer, e ele lhe mostrará o caminho certo" — anotei os versículos e perguntas relacionadas a ele:

Versículo: "Confie no SENHOR de todo o coração..." *Pergunta:* Estou confiando no Senhor de todo o meu coração neste assunto? Por que sim ou não?

Versículo: "...não se apoie na sua própria inteligência." *Pergunta:* Qual é meu entendimento desta situação? Estou confiando em minha percepção ou na direção de Deus?

Responder a perguntas como estas me ajudaram a identificar a fonte dos desejos do meu coração (Salmo 20:4) e da minha confiança. Levaram-me a andar em resposta à Palavra de Deus em vez de por meus instáveis caminhos.

Hoje, reflita em alguns de seus versículos favoritos e anote perguntas que poderiam lhe ajudar a vivê-los para a glória de Deus. Sua Palavra nos dá a sabedoria que precisamos para saber o que fazer. —Roxanne Robbins.

leia>

Provérbios 3:1-9

Que Deus satisfaça todos os seus desejos, ó rei, e permita que todos os seus planos deem certo (Salmo 20:4).

examine>

O que o livro de 2 Coríntios 1:17,18 revela sobre os planos sem convicção?

considere>

Como a sabedoria da Palavra de Deus o ajudou a tomar boas decisões? Como a oração e as Escrituras deveriam se cruzar ao buscarmos fazer o que é certo?

aplicação pessoal>

o morto

Thomas Lynch é um aclamado poeta e escritor, ganhador de prêmios literários nos EUA. Também é um agente funerário. No livro *The Undertaking: Life Studies From the Dismal Trade* (Serviço funerário: Estudos da vida do comércio sombrio), Lynch conta histórias das décadas em que ajudou famílias a dizer adeus a seus amados. A linha de abertura do livro definitivamente atrai a atenção: "Todo ano enterro centenas de cidadãos da minha cidade."

A morte é uma realidade cruel, mas fascinante. Não é estranho que algo tão comum possa ser tão misterioso? Não sabemos exatamente como é estar do outro lado. Não houve muitos relatos de testemunhas oculares sobre como se parece a vida após a morte. Todos sabem que quando você morre, normalmente permanece morto... a não ser, é claro, se Jesus estiver por perto.

João narra a história da morte de Lázaro e a dor de suas irmãs. Depois de receber notícias sobre a doença do amigo, Jesus retarda seu retorno a Betânia; e quando chega lá, descobre que "...já fazia quatro dias que Lázaro havia sido sepultado" (11:17). João enfatiza que Lázaro está em todos os sentidos morto e sem esperança.

Alguns rabinos da época ensinavam que a alma pairava próximo ao corpo por até três dias após a morte. Este, João diz, era o quarto dia (v.17). Além disso, Marta protestou contra Jesus ir ao túmulo porque já cheirava mal (11:39). E duas vezes, para enfatizar, João se refere a Lázaro simplesmente como o "morto" (vv.39,44).

Lázaro estava morto, completamente morto. Isto torna o que aconteceu em seguida ainda mais incrível. Jesus caminhou até o túmulo, instruiu-lhes que tirassem a pedra e gritou "—Lázaro, venha para fora!" (v.43).

Lázaro saiu. E, naquele momento, todos que o viram souberam exatamente quem detém o poder sobre a morte. —Winn Collier

leia›

João 11:1-44

Então Jesus disse claramente: —Lázaro morreu (v.14).

examine›

Leia o livro de Colossenses 2:10-15 para saber o que é dito a respeito do poder de Deus sobre a morte e nossa nova vida em Jesus.

considere›

Onde você vê morte em seu coração, na família e no mundo? Como seria se a vida de Jesus fizesse parte destas situações?

aplicação pessoal›

amor e magia

Quando um leitor ateu do *Pão Diário online* postou um comentário em que chamou a religião de "anticiência" e o cristianismo de "magia", iniciou-se um fascinante diálogo virtual. Pensei nos livros escritos por mentes brilhantes — articulando um processo fundamentado e lógico para a crença em Deus. Ponderei a complexidade do olho humano, o complexo projeto do pescoço da girafa e a singularidade do ornitorrinco. Considerei como as leis da natureza induzem, de modo irresistível, a um Criador de leis. E pensei sobre várias maneiras mordazes e inúteis que eu poderia ter respondido ao "negador de Deus". Felizmente, me contive.

A troca de comentários trouxe à minha mente dois Salmos quase idênticos: 14 e 53. Salmo 14:1: "Os tolos pensam assim: 'Para mim, Deus não tem importância.' Todos são corruptos e as coisas que eles fazem são nojentas; não há uma só pessoa que faça o bem."

Mas estes Salmos não se referem somente àqueles que negam a Deus. "Lá do céu o SENHOR olha para a humanidade..." (14:2). A conclusão: "Mas todos se desviaram do caminho certo e são igualmente corruptos. Não há mais ninguém que faça o bem, não há nem mesmo uma só pessoa" (v.3).

Trata-se de linguagem enfaticamente inclusiva! "Não há mais ninguém" inclui você e eu!

"Todos pecaram...", Paulo afirma, "e estão afastados da presença gloriosa de Deus" (Romanos 3:23). Felizmente há algo mais. "...pela sua graça e sem exigir nada, Deus aceita todos por meio de Cristo Jesus, que os salva" (v.24).

Não temos direito de desprezar os que escolhem não crer em Deus. Antes, em amor, podemos agradecer a Deus, que "...nos havia escolhido para sermos dele por meio da nossa união com Cristo..." (Efésios 1:4).

Não é magia acreditar naquele que estabeleceu as leis da ciência. É amor por nosso Pai Celestial. —Tim Gustafson

leia>

Salmo 14

Deus ofereceu Cristo como sacrifício para que, pela sua morte na cruz, Cristo se tornasse o meio de as pessoas receberem perdão dos seus pecados, pela fé nele (Romanos 3:25).

examine>

O que o livro de Romanos 1:18-32; 2:1-11 diz sobre os "pecadores"? De acordo com o livro de Efésios 1:3-8, os seguidores de Cristo têm algum direito de se vangloriar?

considere>

Como você reage a pessoas que odeiam a Deus? Qual atitude você imagina que Jesus tomaria em relação a eles?

aplicação pessoal>

Natal tranquilo

Ao ler uma história do Natal na escola, minha filha decidiu reencenar o nascimento de Jesus. Elencando a si mesma como um anjo — completo, com asas, vestido e com sapatos brilhantes — ela fez de seu irmão; seu único aprendiz, um pastor. Primogênito do núcleo, ela deu as instruções a Michel, 4 anos, e começou a recitar suas falas com paixão. O menino, porém, estava um pouco distraído. Mais ovelha que pastor, ele se abaixou e começou a brincar com as luzes do sapato dela. Chutando seus pequenos dedinhos, ela severamente sussurrou: "Michel! Pare!", e então, retomando sua expressão angelical, terminou suas falas.

A pressa, o alvoroço e azáfama que cercam o Natal podem facilmente nos distrair do real significado da celebração. Podemos esquecer de nos concentrarmos em Jesus ao nos desviarmos com as distrações deste mundo. Nossa atenção se fixa em tudo, menos na essência da história (Mateus 1:23).

Gosto de imaginar como teria sido observar os pastores pouco antes da chegada dos anjos. Que sons ecoavam naquela noite? Os pastores pensavam em silêncio, contavam histórias do passado ou havia uma repousante calmaria? O ar estava pesado, ou fresco com uma brisa suave?

A esperança da humanidade mudou naquela noite e o céu se regozijou com a realidade. A redenção havia chegado! (Gálatas 4:4,5).

Como uma atuação impecável, queremos que todos digam suas falas e sigam nossas orientações — até Deus. Erroneamente, equiparamos a redenção a tudo que parece correto (Isaías 53:3). A beleza do nascimento de Jesus, no entanto, brilha com mais força devido à grandeza ainda maior de Sua morte (Efésios 1:7).

Não há uma cena que seja única em nossa vida; ao invés disso, todas elas se complementam na maior história da obra redentora de Deus. —Regina Franklin

leia>

Lucas 2:8-20

Então os pastores voltaram para os campos, cantando hinos de louvor a Deus pelo que tinham ouvido e visto (v.20).

examine>

Leia o livro de Salmo 130:7,8. O que o salmista revela sobre Deus e a redenção que Ele providenciou por meio de Jesus?

considere>

O que acontece quando vemos nossa fé como uma realização mais do que uma revelação da mão de Deus? De que formas Deus redimiu sua história?

aplicação pessoal>

o sagrado

Um madeireiro canadense esforçou-se para remover algumas toras que pretendia usar como lenha. Elas estavam empilhadas no campus de uma universidade. Havia recebido permissão para apanhar as toras encontradas no chão. Mas esta pilha em particular que ele removeu era na verdade uma escultura chamada de *Deadwood Sleep* (Gigante adormecido, tradução livre). Felizmente o esforçado trabalhador foi detido antes que fizesse muito estrago. "Para mim era só uma pilha de madeira", ele disse. "Se isto é arte, então estou por fora."

O rei Belsazar da Babilônia estava definitivamente errado quando decidiu usar objetos sagrados para propósitos profanos (Daniel 5:2). Ele ordenou que copos de ouro e de prata fossem utilizados em sua festa mundana. O problema era que as taças haviam sido tomadas do Templo de Jerusalém ("a casa de Deus"), quando o rei anterior, Nabucodonosor, havia conquistado a cidade (v.3). Belsazar ofendeu a Deus com seu sacrilégio (v.23).

Sua sentença? Deus falou através do profeta Daniel e disse que a vida e o reino de Belsazar estava próximo do fim (v.26). Naquela mesma noite, as luzes se apagariam para ele (v.30).

Deus é Santo e Ele nos chamou para sermos santos. Infelizmente, às vezes profanamos o que é sagrado. Reflita sobre estas palavras do apóstolo Paulo: "Será que vocês não sabem que o corpo de vocês é templo do Espírito Santo, que está em vocês e lhes foi dado por Deus? [...] usem o seu corpo para a glória dele" (1 Coríntios 6:19,20).

O que é *sagrado* em sua vida? O que você nunca deveria fazer ou dizer por que são profanos e ofensivos a Deus? Faça uma lista do que evitar e comprometa-se com o Senhor hoje. —Tom Felten

leia>

Daniel 5:1-30

...Como é que a luz e a escuridão podem viver juntas? (2 Coríntios 6:14).

examine>

Leia o livro de 2 Coríntios 7:1 e pondere cuidadosamente sobre o que Paulo está dizendo para você sobre o viver "...uma vida completamente dedicada a ele".

considere>

Quanto você leva a sério a santidade de Deus? Por que é importante que reconheçamos o que Deus considera sagrado?

aplicação pessoal>

bloqueio de escritor

O bloqueio criativo que um escritor pode sofrer é desgastante. Em ataque recente, o que eu escrevia era jogado no lixo eletrônico. Qualquer ideia acabava antes de terminar o primeiro parágrafo. Meu cérebro andava em círculos ao tocar as teclas do computador.

Enquanto eu lutava, o tique-taque de um relógio imaginário ecoava em minha mente. Seu ritmo firme parecia dizer: *prazo de entrega... prazo de entrega...* Finalmente comecei a pensar sobre a situação de uma perspectiva espiritual por meio das palavras de Paulo: "Ele nos auxilia em todas as nossas aflições..." (2 Coríntios 1:4).

Um caso persistente de pane criativa não é o pior problema possível. É tranquilizador saber que a cobertura de Deus envolve todo tipo de assunto que possamos encontrar — grande ou pequeno, contínuo ou temporário, físico ou espiritual (v.3).

Ao mesmo tempo em que é ótimo lembrar que o amor tranquilizante de Deus pode nos alcançar em qualquer lugar ou situação (Romanos 8:38,39), Seu conforto tem um propósito além de nosso bem-estar. Deus quer que reciclemos Seu amor reconfortante e o distribuamos a outras pessoas! "...para podermos ajudar os que têm as mesmas aflições que nós temos [...] damos aos outros a mesma ajuda que recebemos de Deus" (2 Coríntios 1:4). Este versículo me encoraja a olhar para outros cristãos que caíram nas mesmas ciladas que eu. Ele implora que eu fale abertamente sobre minhas lutas em vez de fingir, orgulhosamente, que sou a mulher maravilha. Isso traz novo sentido para dias difíceis.

Agora, aqui estou, escrevendo esta mensagem para você — provando que Deus ajuda Seus filhos quando estão frustrados, confusos ou desgastados. "O SENHOR é bom. Em tempos difíceis, ele salva seu povo e cuida dos que procuram a sua proteção" (Naum 1:7). —Jennifer Benson Schuldt

leia>

2 Coríntios 1:1-7

Ele nos auxilia em todas as nossas aflições... (v.4).

examine>

Leia o livro de Isaías 43:1,2 para ouvir a reconfortante mensagem de Deus a Seu povo. E 2 Coríntios 12:9,10 para ver como o poder de Jesus consola os que creem nele.

considere>

Como você pode reciclar a ajuda e apoio de Deus em sua vida? Por que Deus quer que você transmita a outros o Seu conforto?

aplicação pessoal>

sejamos críticos

No livro *A lição final* (Agir, 2008), o professor Randy Pausch descreveu um dia particularmente ruim, em que seu treinador de futebol gritou com ele e exigiu que pagasse flexões por ter estragado algumas jogadas. Mais tarde, um técnico-assistente ajudou a esclarecer o assunto. "O seu técnico trabalhou muito bem, você não acha?", disse. "Quando você faz algo errado e ninguém diz nada, significa que desistiram de você."

Ser repreendido por um chefe é uma das experiências mais difíceis da vida, por isso Pausch as relembrou quando escreveu sua biografia. Instintivamente evitamos o adversário, focando na raiva em vez de analisar se há alguma verdade no que nos dizem. *Como ousam me tratar desse jeito?*, reclamamos. E assim perdemos a oportunidade de considerar a crítica e crescer como pessoa.

Ninguém gosta que lhe digam que está errado, mas essa é a única forma de crescermos. A despeito de motivações ou condutas, nossos críticos podem ser nossos amigos. Então, em vez de nos defendermos destacando os defeitos de quem nos critica, devemos considerar a possibilidade de que parte dela pode ser verdadeira. Se concluirmos que fomos preguiçosos, descuidados ou rudes, devemos nos arrepender. Podemos orar assim: "Senhor, me perdoe por meu pecado. Eu estava errado e desajustado. Mas hoje, com Sua ajuda, escolho ser diligente, disciplinado e valorizar os sentimentos dos outros mais do que os meus."

Deus nos aceita exatamente como somos, mas Ele nos ama demais para permitir que fiquemos da mesma maneira. O Senhor nos desafia em áreas que precisam de melhoria, e, às vezes, usa nossos críticos para mostrar Seu ponto de vista. Leve em consideração as críticas valiosas, pois, se você perceber que fez algo errado, também significa que Deus ainda acredita em você. —Mike Wittmer

leia›

Provérbios 27:1-17

É melhor a crítica franca do que o amor sem franqueza. O amigo quer o nosso bem, mesmo quando nos fere; mas, quando um inimigo abraça você, tome cuidado (vv.5,6).

examine›

Leia o livro de Hebreus 12:1-12 para aprender por que a confrontação é um sinal do amor de Deus.

considere›

Qual crítica você precisa reconsiderar? Como determinar quais aspectos são verdade? O que é a boa e o que é a *má* crítica?

aplicação pessoal›

plano B

Como pescador num dos maiores lagos do mundo, tive que mudar meus planos muitas vezes. Tempestades ou grandes ondas me forçaram a lançar mão do plano B: ou cancelando uma viagem ou limitando minha pesca a águas seguras de um porto ou pequenos lagos. Não é o fim do mundo, mas não é o ideal.

Em sua carta aos cristãos de Roma, Paulo mencionou que tinha planejado visitá-los muitas vezes (Romanos 1:13). Por muitos anos, o plano A era viajar para Roma e relembrar aos cristãos que lá viviam de tudo o que envolve as boas-novas de Jesus. Repetidamente, porém, outras circunstâncias e objetivos do ministério o impediram de fazer a viagem (15:22). Então Paulo finalmente usou o plano B, escreveu uma carta e expôs ali o que de início queria apresentar pessoalmente. Aquela carta é o que conhecemos hoje como o livro de Romanos do Novo Testamento.

Quando Paulo finalmente sentou-se para escrever esta carta, ele pode ter se sentido propenso a pensar que estava recorrendo ao plano B. Provavelmente, ele não estava ciente de que escreveria uma carta que mudaria o mundo.

Uma das tramas mais fascinantes do livro de Romanos é que, se Paulo tivesse seguido o plano A, não teríamos um dos mais ricos livros do Novo Testamento.

Às vezes, nossos planos falham e temos que seguir com o plano B. E, sim, pode ser inconveniente e frustrante. Mas lembre-se de que Deus conhece o todo. Como Paulo e o livro de Romanos, o que pode parecer o plano B para nós, na verdade, pode ser o plano A de Deus. —Jeff Olson

leia›

Romanos 1:8-17

...muitas vezes resolvi ir visitá-los, mas fui impedido até agora de fazer isso... (v.13).

examine›

Foi uma verdadeira aventura, mas o livro de Atos 27–28 registra como Paulo finalmente chegou a Roma.

considere›

Qual plano B você sabe que Deus verdadeiramente transformou em bênção? Por que é importante que procuremos a vontade de Deus em vez de forçar a nossa?

aplicação pessoal›

duplicidade

Levou mais de um ano para uma grande organização cristã de direitos humanos dos EUA confirmar a vida dupla de seus líderes. Embora o homem conduzisse a oração diária com seu pessoal, citasse orgulhosamente as Escrituras e parecesse ter ficha limpa, dirigia uma organização criminosa nos bastidores.

Ele foi tão astuto que conseguiu utilizar três conjuntos de falsas impressões digitais para pesquisa de antecedentes, antes dos investigadores descobrirem que ele tinha uma longa ficha criminal, incluindo apropriação indébita. Ele não foi o primeiro a esconder sua culpa por trás do manto do cristianismo. Por toda a história, muitos homens e mulheres enganaram outros intencionalmente para obter vantagens pessoais. O livro de Provérbios 6:12-14 descreve tais pessoas como "...homens maus e sem valor [que] vivem dizendo mentiras... [cujas] mentes perversas estão sempre planejando o mal...".

Pessoalmente, fico abalada e desmotivada cada vez que escuto que alguém com reputação cristã reconhecida vive um testemunho paralelo cruel. O apóstolo Paulo, porém, alerta que o comportamento dúbio de alguns não deveria ser motivo de espanto.

"Aqueles homens são apóstolos falsos," exclama Paulo. "Eles mentem a respeito e isso não é de admirar, porque até Satanás pode se disfarçar e ficar parecendo um anjo de luz (2 Coríntios 11:13,14).

Independentemente do comportamento inapropriado de alguns, Paulo insistiu que continuaria a fazer o que sempre fez. "O que estou fazendo agora vou continuar a fazer a fim de evitar que aqueles tais "apóstolos" tenham motivo para se gabar e dizer que fazem um trabalho igual ao nosso" (v.12).

Junte-se a mim e busque ser como Paulo, que a despeito do que acontecia ao seu redor, estava comprometido a viver sinceramente na fé em Jesus (1 Tessalonicenses 2:2-4). —Roxanne Robbins

leia>

Provérbios 6:12-14

Há fraude no coração dos que maquinam mal, mas alegria têm os que aconselham a paz (12:20).

examine>

O que aconteceria se você vivesse
1 Pedro 2:1 e removesse de sua vida "toda maldade" e se despojasse de "hipocrisias, invejas e de toda sorte de maledicências"?

considere>

Como você deveria reagir quando um irmão cristão é pego vivendo de forma falsa? O que lhe impedirá de viver uma vida dupla?

aplicação pessoal>

berço, cruz e coroa

O que você considera ser uma boa representação do Natal? O Papai Noel? A cena do nascimento de Cristo com o bebê, a manjedoura e os jumentos? A árvore de Natal? Para Lucas, o Natal era mais bem representado por um berço, uma cruz e uma coroa.

Berço. O anjo Gabriel disse a uma jovem virgem confusa: "Você ficará grávida, dará à luz um filho" (Lucas 1:31). Este bebê concebido de forma sobrenatural (vv.34,35) seria da própria carne e sangue de Maria. Imagine o Todo-Poderoso Criador em um berço como uma criança indefesa, um bebê de verdade com umbigo! O menino de Maria é o filho humano (embora sem pecado) dela (v.31) e o Divino Filho de Deus! (vv.32,35). Este cenário é profundamente místico.

Cruz. "...e porá nele o nome de Jesus..." (v.31). *Jesus*, o equivalente em grego a Josué, significa "o Senhor salva" ou "Salvador." O anjo reiterou o nome de Jesus em uma aparição ao noivo de Maria, José, e falou de Sua missão: "...e você porá nele o nome de Jesus, pois ele salvará o seu povo dos pecados deles" (Mateus 1:21). Jesus se tornou nosso Salvador por ter sido "...pendurado numa cruz" (Gálatas 3:13).

Coroa. "...Deus, o Senhor, vai fazê-lo rei, como foi o antepassado dele, o rei Davi" (Lucas 1:32). Cerca de mil anos antes Deus prometeu que colocaria um de seus "...filhos como rei e tornarei forte o reino dele...." (2 Samuel 7:11-13; Atos 2:30). Este bebê nasceria como o Rei dos judeus (Mateus 2:2). "Ele será para sempre rei dos descendentes de Jacó, e o Reino dele nunca se acabará" (Lucas 1:33).

O Papai Noel, as árvores de Natal e os presépios natalinos serão cenas comuns este mês. Mas Jesus é o único que devemos procurar e celebrar. Curvemo-nos diante do Filho de Deus no berço, do Salvador na cruz e do Rei no trono (Filipenses 2:10,11). —K. T. Sim

leia>

Lucas 1:26-35

Você ficará grávida, dará à luz um filho e porá nele o nome de Jesus [...]. Deus, o Senhor, vai fazê-lo rei, como foi o antepassado dele, o rei Davi (vv.31,32).

examine>

O que os livros de Isaías 9:6,7 e Filipenses 2:5-11 dizem sobre o berço, a cruz e a coroa?

considere>

Das três cenas descritas, qual é a mais significativa para você neste Natal? Como você pode usar a época de Natal para falar aos outros sobre Jesus?

aplicação pessoal>

raça humana

O despertador dispara cedo demais, é assim que sentimos. Mas um longo dia o espera. Primeiro, deixar as crianças na escola. Depois, reunião no café da manhã, seguida de uma série de assuntos urgentes a serem resolvidos.

Este é um dia típico para muitas pessoas. Como alguém já disse: "Por isso somos chamados de raça humana."

O descanso é algo que desejamos tanto, mas que somos tão fracos em usá-lo bem. No Antigo Testamento, o dia de descanso era frequentemente profanado. E no Novo Testamento, era grosseiramente mal-entendido.

No livro de Isaías 56, o sábado é mencionado três vezes (vv.2,4,6). Sabemos que descansar no sábado não se aplicava apenas aos judeus, mas a qualquer um que desejasse andar com Deus.

Um professor de estudo bíblico explica: "sábado é o tempo separado para fazer nada, de forma que possamos receber tudo. Tempo para deixarmos de lado nossas tentativas ansiosas de sermos úteis, nossas inquietações e nosso aborrecimento com as muitas informações da mídia. Sábado é tempo de receber o silêncio e deixá-lo transformar-se em gratidão; de receber a tranquilidade de rostos e vozes esquecidas que discretamente se fazem presentes; de receber os dias da semana que está terminando e absorver a maravilha e o milagre ainda reverberando em cada um; de receber a surpreendente graça de nosso Deus."

Ao estabelecermos um tempo de descanso, aprendemos que, ao diminuir certas distrações de nossa agenda, podemos acrescentar significado à nossa vida. Ao diminuir, estamos na verdade ganhando. Ao aliviar nossa agenda, Deus pode nos preencher mais uma vez.

No livro de Êxodo 16:29 lemos que o Senhor deu ao povo de Israel "...um dia de descanso..." O sábado não é simplesmente uma disciplina a ser imposta; é um presente a ser desfrutado. —Poh Fang Chia

leia>

Isaías 56:1-8

E aos estrangeiros que adoram o SENHOR, que o amam e o servem fielmente [...] forem fiéis à minha aliança eu os levarei ao meu monte santo...(v.6).

examine>

Leia o livro de Isaías 58:13 para entender sobre como alegrar-se com seu tempo sabático pessoal.

considere>

Quando é seu tempo de descanso? Como o verdadeiro descanso nos ajuda a termos vidas mais úteis para Deus?

aplicação pessoal>

"cláusula marrom"

Quando a banda de rock *Van Halen* estava no auge, exigia que uma tigela com confeitos coloridos fosse providenciada para cada local de show. Porém, os de cor marrom tinham que ser removidos. Se a banda encontrasse um único confeito marrom, cancelaria o show, mas receberia o pagamento integral.

Como a produção da banda envolvia nove caminhões cheios da mais avançada tecnologia, muitos erros poderiam ocorrer tanto na instalação como na apresentação. Se os promotores do show não tivessem tempo de ler a cláusula da exclusão do confeito marrom, certamente não haviam verificado toda a produção e eles poderiam correr riscos fatais.

A exigência ridícula do contrato de *Van Halen ilustra* o princípio da mordomia que Jesus ensinou no livro de Lucas 16. Ele encorajou Seus discípulos a serem fiéis com suas riquezas terrenas porque não eram deles, mas de Deus (v.10). Sua capacidade de gerenciar estes bens adequadamente e serem fiéis nas "pequenas coisas" (riqueza e bens terrenos) que lhes foram emprestadas seria um termômetro da capacidade de lidar com as "grandes coisas" (as verdadeiras riquezas da vida eterna). Se valorizassem erroneamente os bens terrenos, certamente desdenhariam o significado do Reino de Deus.

Jesus ainda está chamando os Seus seguidores para prestarem atenção à "cláusula marrom," isto é, que usem com cuidado, controle e que administrem os bens de Deus, pois esta é uma medida de nossa capacidade para lidar com as riquezas verdadeiras. Começa com o reconhecimento de que tudo o que temos pertence a Deus. Ele nos dá a capacidade de produzir riquezas (Deuteronômio 8:17,18), e nos ordena a não sermos mesquinhos com nossos recursos (Mateus 6:19-21). Deus espera que liberemos nossos bens para o Seu serviço ao abençoarmos outros (Mateus 19:21). —Marvin Williams

leia>

Lucas 16:1-13

Quem é fiel nas coisas pequenas também será nas grandes; e quem é desonesto nas coisas pequenas também será nas grandes (v.10).

examine>

Leia o livro de 1 Timóteo 6:17-19 e identifique quais são nossas responsabilidades como administradores de Deus.

considere>

Que nota você daria a si mesmo como administrador do que Deus lhe emprestou? O que fazer para ser mais fiel nas pequenas e nas grandes coisas?

aplicação pessoal>

valorizado

Quando eu era criança, meus pais não me autorizavam a ligar para os meninos. A regra parece antiquada de acordo com as normas sociais atuais. Como não sou inexperiente na cultura jovem, estou perplexa e preocupada com a agressividade vista nas jovens de hoje. Elas estão desesperadas por pertencer a alguém, são pouco reservadas ao estarem próximas ou fazerem amizade com rapazes que pouco conhecem. Mas a solidão pode, às vezes, ser sentida mesmo nos relacionamentos.

A conhecida história do encontro de Jesus com a mulher no poço nos lembra que Sua onisciência não diminui Seu amor por nós — ela o aprofunda. Ao mesmo tempo em que não sabemos de seu histórico, entendemos que a mulher vivia numa sociedade em que sua identidade, valor e provisão eram resultado da ligação com um homem (por meio do casamento ou da maternidade). Infelizmente, esta mulher havia se casado não apenas uma, mas cinco vezes e tinha ficado tão desesperada a ponto de simplesmente coabitar com um homem (João 4:17,18). Cinco casamentos e um relacionamento de coabitação a tinham deixado ainda mais sozinha.

Conhecendo-nos mais completamente do que nós mesmos, Jesus foi às raízes da vida dela. Ele entendeu que aquela mulher precisava saber que poderia ter todas as suas falhas reveladas e ainda assim ser amada (Romanos 5:8). Mas Ele também se referiu às suas tentativas humanas de encontrar satisfação. Para encontrar restauração, ela tinha que enxergar a verdade sobre onde suas decisões a haviam levado — mudando de um homem para outro, desesperada por pertencer a alguém.

Ela poderia ter dado muitas desculpas por adiar a decisão; poderia ter tentado justificar o que tinha feito. Mas, ao encontrar Jesus, ela tinha uma escolha — a água do poço ou a água viva de Jesus. —Regina Franklin

leia>

João 4:1-29

Venham ver o homem que disse tudo o que eu tenho feito. Será que ele é o Messias? (v.29).

examine>

Veja no livro de Isaías 54:1-6,11-17 a vívida promessa de Deus de trazer Sua força, provisão e beleza para nossas vidas.

considere>

Em que momentos você tem se contentado com menos do que o melhor de Deus, por medo de perder algo? Como se aprofundar no manancial da provisão de Deus?

aplicação pessoal>

próximo

Um músico amigo meu tem um primo chamado Emanuel. Meu amigo compôs uma música sobre o casamento de conto de fadas do primo. A cerimônia foi ao ar livre, em um local pitoresco, com tempo bom e cercado de árvores.

Próximo ao horário da cerimônia, muitos ficaram nervosos porque ninguém havia visto o noivo durante todo o dia. No entanto, pouco depois, uma figura distante apareceu no campo. Era o noivo em um cavalo branco, vestido com armadura de prata, com uma pena cor púrpura balançando no topo da cabeça. Emanuel queria fazer uma aparição dramática, porque queria que todos soubessem que amava sua noiva — e estava vindo para ela.

O nome do noivo-cavaleiro não poderia ser mais apropriado. O Antigo Testamento nos conta que toda a história esperava pela vinda de outro Emanuel, que viria por *nós*. Mateus (ecoando o profeta Isaías) enfatiza que ouçamos o nome deste que veio por nós: Emanuel. Há todo um mundo de esperança neste nome. *Emanuel*, "...Deus está conosco" (1:23).

Em Emanuel (Jesus), Deus está próximo. Deus andou em nossas ruas. Deus respirou nosso ar. Deus sentiu nossa dor. Deus riu. Deus chorou. Deus — em Jesus — estava no meio de nós, próximo de nós, bem ao nosso lado.

Nossas perdas, vergonhas e tristezas construíram paredes ao redor de nosso coração. Poucos conseguem ver quem realmente somos. Poucos sabem o que nos faz cantar ou dançar. Poucos sabem o que nos faz querer fugir ou nos enche de pavor. Podemos temer que outros se afastem de desgosto se vissem tudo o que há em nós. Distância, desconexão, solidão — infelizmente estas são formas comuns de descrever nossa experiência relacional.

Como é poderoso, portanto, saber que os propósitos de Deus estão centrados neste desejo — de estar próximo a nós. Deus conosco. —Winn Collier

leia›

Mateus 1:18-25

...Emanuel (Emanuel quer dizer "Deus está conosco) (v.23).

examine›

Leia o livro de Isaías 7:14 e veja o que o profeta revela sobre o nascimento de Jesus e Seu nome.

considere›

Por que algumas vezes há distanciamento entre você e Deus e entre você e outros? O que significa para Deus estar com você, estar próximo?

aplicação pessoal›

jogada certa

No início de 2011, um técnico de beisebol americano fez a melhor jogada de sua carreira. Ele escolheu ceder um de seus rins para que um dos jogadores pudesse viver. O jogador novato foi acometido por uma doença que atacou os rins, que funcionavam com apenas 8% da capacidade. Nenhum de seus familiares era doador compatível para um transplante de rim, mas o técnico era! "Quando recrutamos nossos jovens, falamos de família e de fazer sacrifícios uns pelos outros. É algo que levamos muito a sério..." disse o técnico. *Boa jogada!*

Doação altruísta é algo que deveria marcar a vida dos verdadeiros cristãos. Ao preparar o caminho para o Salvador, João Batista pregava: "...Quem tiver duas túnicas, reparta com quem não tem; e quem tiver comida, faça o mesmo" (Lucas 3:11). O profeta ensinou que a doação altruísta é parte do plano de Deus para Seu povo. *Se você tiver dois rins saudáveis, dê um a alguém que não tem nenhum.*

Mais tarde, Jesus ensinaria sobre o que significa verdadeiramente amar e sacrificar-se pelo próximo. Ele disse: "...Ame os outros como você ama a você mesmo" (Marcos 12:31-34). E, pouco antes, Ele revelou o mais importante mandamento: "Ame o Senhor, seu Deus, com todo o coração, com toda a alma, com toda a mente e com todas as forças" (vv.29,30). No entanto, a Bíblia também diz que amar o nosso próximo é igualmente importante (v.31).

O modo como amamos os outros é reflexo direto de nosso amor por Deus. Quando escolhemos doar aos outros com desapego, refletimos o gesto mais altruísta de todos os tempos — a morte de Jesus para que fôssemos salvos e pudéssemos viver (João 15:13).

Quando outros precisam de você, faça a jogada certa. —Tom Felten

leia>

Marcos 12:28-34

...Ame os outros como você ama a você mesmo (v.31).

examinc>

Tiago, irmão de Jesus, pregou a importância de não apenas sentir quando alguém necessita de algo, mas também de agir a respeito disso. Confira no livro de Tiago 2:15,16.

considere>

O que Deus está pedindo que você sacrifique por alguém hoje sem sentir apego? Por que demostrar amor aos outros é tão importante para Deus?

aplicação pessoal>

não seja cruel

Você já notou como é difícil para os governantes anunciar más notícias aos cidadãos? Muitos países estão afundados em dívidas, no entanto, seus líderes se recusam a elevar taxas ou cortar benefícios. Calculando que a falência será problema do próximo governo, chutam a crise para frente com alegria.

Estes líderes agem como os falsos profetas em Jerusalém. Deus puniu a idolatria de Israel ao enviar Nabucodonosor para saquear a cidade e levar os melhores ao cativeiro. Jeremias disse ao povo de Deus que o Senhor desejava que se submetessem à Babilônia por um período de tempo, e que mais tarde, Ele os traria de volta à Jerusalém (Jeremias 27:22).

Isto provocou um pessimismo exagerado em alguns cidadãos, e falsos profetas, como Hananias, declararam que Deus interviria e destruiria a Babilônia dentro de dois anos (28:10,11). Então, foi a vez de Deus se exasperar. Ele disse a Jeremias para informar Hananias que este morreria, pois suas mentiras tinham enchido os israelitas com falsa esperança (vv.15,16).

Não é suficiente apenas concordar com a situação quando sabemos que o melhor a fazer é o pior tipo de maldade. Não devemos encorajar amigos que estão lutando contra o pecado a simplesmente ranger os dentes e tentar com mais força, pois podem se superar. Se confiarem em si mesmos mais do que em Deus, eles terminarão onde começaram — afogando suas tristezas nos vícios.

Tampouco devemos assegurar às pessoas de que, não importa em quem confiem ou como vivam, um Deus amoroso levará a todos para o céu. Parece duro alertar as pessoas sobre o inferno, mas se você acredita que o inferno existe, seria indescritivelmente cruel não dizer isso aos outros. Nós damos humildemente más notícias, não por prazer, mas porque é o primeiro passo em direção à esperança. —Mike Wittmer

leia>

Jeremias 27:1–28:17

...Não deem atenção aos profetas que dizem que logo os tesouros do templo serão logo trazidos para a Babilônia [...]. É mentira! Não os escutem (27:16,17).

examine>

Leia o livro de Mateus 23 e considere como as duras palavras de Jesus para os líderes religiosos eram um sinal de Seu amor.

considere>

Há situações difíceis de confrontar? Que passos você deve tomar para enfrentar seus problemas e começar uma nova jornada com a força de Deus?

aplicação pessoal>

desejo de vingança

Uma vez conversei com um pai cujo filho foi brutalmente assassinado por um amigo da família. Nos anos seguintes, ele falava do seu ardente desejo de vingança. Ele sabia que a amargura havia tomado seu coração e tinha preterido o bem. Embora quisesse entregar essa carga pesada a Jesus, ele lutava em conseguir libertar-se dela.

Uma das coisas que Deus colocou em meu coração para dividir com este homem inicialmente o chocou, mas também o libertou para ver que havia alternativas. Eu lhe disse que seu desejo de vingança não era totalmente desalinhado e anticristão. E o lembrei destas palavras que o apóstolo Paulo escreveu aos companheiros cristãos: "E Deus, a nossa fonte de paz, logo esmagará Satanás debaixo dos pés de vocês..." (Romanos 16:20).

A afirmação de Paulo é uma surpreendente promessa de vingança. Em outras palavras, o apóstolo estava encorajando seus leitores a serem pacientes porque eles teriam seu grande dia, quando a vingança seria de Deus... e deles. O tempo está chegando quando todos os cristãos terão a oportunidade de esmagar Satanás (que é indiretamente o único e em última análise o responsável por todo o mal do mundo) debaixo de nossos pés.

Parte do desejo de vingança é divino, contanto que seja baseado na justiça de Deus e em Seu tempo. Enquanto isso, Ele nos diz para deixar a vingança para Ele (12:19) e trabalhar para dominar o mal ao fazer o bem àqueles que nos prejudicaram muito (v.21). Isto pode incluir abençoá-los com o presente de não condená-los ou de demonstrar um amor constante que os forcem a assumir o dano de suas escolhas pecaminosas. Nosso objetivo? Ajudar outros a superar o mal em suas vidas e evitar que o mal da amargura nos envolva totalmente. —Jeff Olson

leia>

Romanos 12:14-21

Não deixem que o mal vença vocês, mas vençam o mal com o bem (v.21).

examine>

Fazer o bem àqueles que nos machucaram é deixá-los experimentar uma amostra da misericórdia e justiça de Deus.

considere>

É possível fazer o bem a quem lhe machucou profundamente, sem fingir que nada aconteceu? Isso pode ser uma amostra da misericórdia e justiça de Deus?

aplicação pessoal>

ESTUDO 90

perdão esgotado?

Uma ouvinte de um dos meus programas de rádio, relatou: "Sou cristã há cinco anos, mas nunca vivi como tal. Quero saber, haverá um tempo em que Deus não nos perdoará mais?" Eu contei a seguinte história a ela: Jesus arrumou um local secreto para o jantar da Páscoa com Seus discípulos — algo que Ele desejava "ansiosamente" dividir com eles (Lucas 22:7-38). Ansiosamente? Apenas pense sobre com quem Ele jantou e o que aconteceria em breve.

Alguns momentos depois, Jesus anunciou que alguém sentado naquela mesa o trairia (vv.21,22). Ele já sabia que Judas era o traidor (vv.3-6). Você desejaria *"ansiosamente" jantar com o seu assassino?*

Ao ouvir essa notícia, os discípulos não ficaram preocupados com a segurança de seu Amigo; não, eles começaram a discutir sobre quem poderia ser o traidor (v.23). A conversa se dispersou mais ainda quando discutiram sobre qual deles seria o "maior" (vv.24-27). Antes do jantar terminar, estes mesmos amigos frustraram e não entenderam Jesus — com resultados desastrosos (vv.49,50). Jesus ainda anunciou a traição de Pedro (vv.33,34).

Imediatamente após o jantar, Judas trairia Jesus (vv.47,48), Pedro o negaria (vv.54-62), os outros o abandonariam (Marcos 14:50) e Jesus seria crucificado. Ele sabia o mal que aconteceria naquela noite, mas ainda desejava "ansiosamente" dividi-la com Seus discípulos. Foi com estes amigos falhos que Ele dividiu Seu reino (Lucas 22:28-30).

Você pode esgotar o perdão de Deus?, minha ouvinte perguntou. Sem chance, respondi. Deixe sua vida de pecado, mas não duvide da graça de Jesus. Se Ele acolhe amigos falhos como os Seus discípulos para Seu reino, Ele tem um lugar para nós também. —Sheridan Voysey

leia>

Lucas 22:7-38

E lhes disse: Como tenho desejado comer deste jantar da Páscoa com vocês, antes do meu sofrimento (v.15).

examine>

Leia o livro de Romanos 8:38,39 para se lembrar da profundidade do amor de Deus, e 1 João 1:9 para receber orientação de como lidar com o pecado.

considere>

Você já se sentiu como alguém preocupado em não receber o perdão de Deus? Por quê? Algum pecado pode estar além do perdão de Jesus?

aplicação pessoal>

homem de Deus

Recentemente um colega me perguntou: "O que você gostaria de ser?" "Bem, em termos de plano de carreira, não sei. Mas quero ser alguém sábio, compassivo e humilde", respondi.

Na carta ao seu aprendiz, Paulo não instruiu Timóteo a se tornar um pastor nota 10; mas o relembrou de que ele era um "homem de Deus" (1 Timóteo 6:11).

Curiosamente, há somente uma pessoa no Novo Testamento chamada de "um homem de Deus," e este é Timóteo. Mas este termo é frequentemente usado no Antigo Testamento. Na verdade, é usado 70 vezes e sempre em referência a um porta-voz de Deus — alguém cujo dever e responsabilidade é falar as palavras de Deus.

Paulo destaca quatro características que marcam um homem de Deus:

Ele foge. "Fuja" (v.11). Este é o verbo grego *fuagay*, do qual deriva a palavra *fugitivo*. Em outras palavras, o homem de Deus é um homem em fuga. Está constantemente fugindo do amor ao dinheiro (6:10), comportamento ímpio (6:20), luxúria e pecado (2 Timóteo 2:22).

Ele persegue. O homem de Deus persegue "...uma vida correta, de dedicação a Deus, de fé, de amor, de perseverança e de respeito pelos outros" (1 Timóteo 6:11).

Ele luta. Usando a verdade, o homem de Deus está envolvido na guerra diária contra o reino das trevas. Não está descansando sobre os seus louros.

Ele é fiel. O homem de Deus "...Toma posse da vida eterna" (v.12 ARA). Ele vê a vida cristã de fé e serviço como sua necessária responsabilidade com Deus.

Se alguém perguntasse: "O que você gostaria de ser?" Você responderia: "Quero ser um homem de Deus"? Esse homem pertence pessoalmente a Deus, proclama Sua Palavra cuidadosamente e vive de modo exemplar. —Poh Fang Chia

leia>

1 Timóteo 6:11-16,20-21

Mas você, homem de Deus... (v.11).

examine>

Leia o livro de 2 Timóteo 3:16,17 para entender por que é essencial que um homem de Deus use as Escrituras para guiar suas ações.

considere>

Como sua vida revela que você é uma pessoa de Deus? O que precisa mudar?

aplicação pessoal>

notas>